HIPPO

SICILIAN-ENGLISH / ENGLISH-SICILIAN

Marco Guarneri

HIPPOCRENE BOOKS
New York

Copyright© 1997 Hippocrene Books, Inc.

All rights reserved.

For information, address:
HIPPOCRENE BOOKS, INC.
171 Madison Avenue
New York, NY 10016

Library of Congress Cataloging-in-Publication Data.
Guarneri, Marco.
    Sicilian-English / English-Sicilian / Marco Guarr
      p.   cm. — (Hippocrene concise dictionary)
    ISBN 0-7818-0457-4
    1. Italian language—Dialects—Italy—Sicily-
-Dictionaries. 2. Italian language—Dictionaries-
-English. 3. English language—Dictionaries-
Italian. I. Title. II. Series.
PC1802.G83   1996   96-42097
457'.8'03—dc20   CIP

Printed in the United States of America.

Abbreviations/abbreviazioni

adj.	adjective/aggettivu
adv.	adverb/avverbiu
art.	article/articulu
conj.	conjunction/cognunzioni
excl..	*exclamation/ esclamaziun*
interj.	interjection/interiezioni
n.	noun/nnomu
num.	number/numeru
pl.	plural/plurale
prep.	preposition/preposizzioni
pron.	pronoun/pronomu
v.	verb/verbu

Guide to Pronunciation

a		/a/	car
b		/b/	bicycle
c	before a, o and u	/k/	cat/cottage
	before e and i	/tshi/	chest
	ch before e and I	/k/	kilo
d		/d/	dull
e		/e/	seven
f		/f/	favor
g	before a, o and u	/g/	guidance
	before e and I	/dj/	job
	gh before e and i	/g/	game
	gli before e and I	/ll/	million
	gn	/ni/	onion
h		silent	
i		/i/	kid
l		/l/	letter
m		/m/	man
n		/n/	name
o		/o/	lost
p		/p/	practical
q		/kw/	squat
r		/r/	radio
s		/s/	sit
t		/t/	touch
u		/u/	tooth
v		/v/	very
z		/z/	zoo

The main difference between Italian and Sicilian lies in the diphthongs.

Examples: Cielo (sky) is *celu*.
Piede (foot) is *pedi*.
Nuovo (new) is *novu*.
Miele (honey) is *meli*.
Uovo (egg) is *ovu*.
Cuore (heart) is *cori*.

The alphabet has 18 consonants, 2 more than in Italian: *j* and double *d*.

Usually *j* has the same sound as [ee]

Examples: Giorno (day) is *jornu*.
Gettare (to throw) is *jittari*.
Gioco (game) is *jocu*.

The double *d replaces the double l in Italian*

Examples: Cavallo (horse) is *cavaddu*
Sella (saddle) is *sedda*.
Castello (castle) is *casteddu*.
Bello (nice) is *beddu*.

In Sicilian the *e* and the *o closed—é, ó—are replaced by i and u*.

Examples: Amore (love) is *amuri*.
Nipoti (nephews) is *niputi*.

Voce (voices) is *vuci*.
Neve (snow) is *nivi*.
Dormire (to sleep) is *durmiri*.

The vowel *i* is very weak when in the first position and followed by *m* or *n*.
Examples: Ingannare (to deceive) is *ngannari*.
Inferno (hell) is *nfernu*.
Insegnare (to teach) is *insignari*.
Incerto (uncertain) is *ncertu*.

There is a certain confusion with the plural of the nouns. Nouns ending with *u* have a plural in *i*:
Examples: Maritu (husband) is *mariti*.
Magistratu (magistrate) is *magistrati*.

Some of them have a plural in *a*:
Examples: Piattu (plate) is *piatta*.
Libru (book) is *libra*.

As a general rule, the plural ending is *i* for masculine nouns, *a* for feminine nouns.

Proverbs/Expressions

Every cloud has a silver lining
Doppu u bruttu veni u beddu

When the cat is away, the mice will play
Quannu u gattu nun c'e, i surci abballanu

Time is money
U tempu é dinaru

To be born with a silverspoon in one's mouth
Nasciri vistutu

Better late than never
Megghiu tardu

To eat one's words
Ammettiri di aviri tortu

When in Rome, do as the Romans
Paisi ca vai, usanzi ca trovi

Let sleeping dogs lie
Nun incuitari o cani ca dormi

Where there's a will, there's a way
Vuliri é putiri

He laughs best who laughs last
Ridi beni cu ridi l'ultimu

One bird in the hand is worth two in the bush
Megghiu oi l'ovu ca dumani la gaddina

Everyone is master in his own house
Ogni gaddu canta ntra lu so munnizzaru

What the heart thinks, the mouth speaks
La lingua batti unni lu denti doli

The offenses against God and the honest people always fall back to the offender
Cu' sputa n celu a la faccia ci veni

Who doesn't know how to pray goes to the sea
Cui non sapi prijari vaja a mari

Do not do to others what you wouldn't like them to do to you
Zoccu non fa pi tia ad autru non fari

Whatever you do to others, you do to yourself
Chiddu ca fai a l'autri lu fai a tia

Evil can come from the Good
Acqua e terra fa limara

Who threatens someone, will not kill him
Cu' amminazza non ammazza

Who seeds thorns will not walk barefoot or else he'll hurt himself
Nun vaja scausu cu' simina spini, chì poi si punci a la sdiminticata

To keep a grudge doesn't do any good
Acqua passata non macina cchiui

If something has to happen, it will
Lu piru quann'è chiumputu casca sulu

The risky man is fortunate
L'omu arrisicusu è furtunatu

The world never changes
Munnu era e munnu è

The world can't dress someone without undressing another
Lu munnu non po' vestiri a unu si non spogghia a n autru

Take time when it comes
Pigghia lu tempu a tempu comu veni

Time runs fast
Passanu l'anni e volanu li iorna

Love is like a cucumber, it starts sweet and ends bitter
L'amuri è comu lu citrolu, cumincia duci e poi finisci amaru

Love takes out all defects
Amuri ammuccia ogni difettu

Distance proves solidity
Distanza prova custanza

A man with two women will end up with none of them
Cu' s'assetta n'tra du seggi sbatti lu culu n terra (who sits between two chairs will fall down)

A women with no love is like a rose with no smell
Donna senza amuri è rosa senza oduri

Love and jealousy always come together
Amuri e gilusia su' sempri n cumpagnia

It's better to be cheated than stupid
Megghiu curnutu ca minchiuni

A man without vices is not good
Un omu senza viziu nun è bonu

Better alone than badly accompanied
Megghiu sulu ca malu accumpagnatu

Who has a nice wife sings, who has money always counts
Cu' avi mugghieri bedda sempri canta, cu' avi dinari picca sempri cunta

13

A good descent starts with a girl
Cu' bona reda voli fari, di figghia fimmina avi a cuminciari

Avoid friends and parents who don't help
Amicu ca non ti duna, parenti ca non ti mpresta, fuili comu la pesta

Every friend you lose is a step down
Ogni amicu ca si perdi è un scaluni ca si scinni

Who has no money, can't be listened to
Cu un havi dinari, nun po esseri ntisu

The rich people the more they have, the more they want
Li ricchi cchiu chi nn'hannu, cchiu nni vonnu

It's better to die having had something than live hoping to get it
Megghiu muriri e lassari, chi campari e addisiari

A little and nothing are very close
Picca e nenti su' parenti

Who loves God will live and die happily
Cu ama a Diu di cori, filici campa e filici mori

See Palermo and enjoy, see Naples and die
Vidi Palermu e gori, vidi Napuli e poi mori

Who looks for, finds; who percieves, wins
Cui cerca, trova; cui sècuta, vinci

Who wakes up early in the morning, finds good income
Cui nesci matinu, àscia un carrinu

If you don't want when you can, you can't when you want
Cui nun voli quannu pò, nun purrà quannu voli

Verbs/verbi

Aviri/To have
Haju/I have
Hai/You have
Ha/He has
Avemu/We have
Aviti/You have
Hannu/They have

Essiri/To be
Sugnu/I am
Si/You are
È /He is, It is
Semu/We are
Siti/You are
Su, Sunnu, Sunu/They are

Regular verbs/Verbi regolari

Purtari/To carry	Ripetiri/To repeat	Finiri/To finish
Portu	Ripetu	Finisciu
Porti	Ripeti	Finisci
Porta	Ripeti	Finisci
Purtamu	Ripitemu	Finemu
Purtati	Ripititi	Finiti
Portanu	Ripetinu	Finiscinu

Irregular verbs/Verbi irregolari

Dari/To give	Vidiri/To see	Jiri/To go
Dugnu	Viju	Vaju
Duni	Vidi	Vai
Duna	Vidi	Va
Damu	Videmu	Jemu
Dati	Viditi	Jiti
Dunanu	Vidinu	Vannu

SICILIAN-ENGLISH

A

a *prep.* to
abbacari *v.* decrease
abbagliari *v.* dazzle
abbagnari *v.* dip
abbannunari *v.* abandon, quit
abbasciari *v.* diminish
abbasciu *n.* down
abbertiri *v.* advise, warn
abbiddanatu *adj.* rough
abbicinari *v.* approach
abbigghiamentu *n.* dress
àbbili *adj.* clever, capable
abbilitá *n.* skill
abbirsatu *adj.* neat, tidy
abbisu *v.* message
abbitazioni *n.* house
àbbitu *n.* habit, gown, suit
abbituali *adj.* usual
abbitutini *n.* routine

abbrazzu *n.* hug
abbruciari *v.* burn
abbuliri *v.* abolish
abbunnanza *adj.* plenty
abbunnanzza *n.* quantity
abbusari *n.* abuse
accadiri *v.* happen, occur
accantu *adv.* along, beside
accarpari *v.* seize, grab
accentu *n.* accent
acchianari *v.* climb, zoom
accitari *v.* agree, accept
accogliri *v.* receive, sleep
accuminzari *v.* begin
accumulari *v.* accumulate
accussi *adv.* so
aceddu *n.* bird
acitu *adj.* sour
acitu *n.* vinegar

acqua *n.* water
acqua di rigina *n.* distilled water
acumi *n.* insight
adattari *v.* accustom
addabbanna *adv.* over there
addibuliri *v.* impair
addiggiriri *v.* digest
addiu *interj.* good-bye
addivari *v.* educate
addivintari *v.* become
adduluratu *adj.* sorry
addumannari *v.* ask, inquire
addumari *v.* light
aeruplanu *n.* plane
affacciu *adv.* face to face
affari *n.* business, deal
affettari *v.* affect
affirari *v.* grasp, catch
affruntu *n.* insult
affunnari *v.* sink
agghiu *n.* garlic
agghiunciri *v.* add
aggitari *v.* shake

aggiustari *v.* adapt
agitatu *adj.* turbulent
agneddu *n.* lamb
agricultura *n.* agriculture
agriculturi *n.* farmer
aiutu *n.* aid
ala *n.* wing
albergu *n.* hotel
alcool *n.* alcohol
alcunu *pron.* any
alcunu *adj.* some
alfarbetari *v.* spell
alfarbetu *n.* alphabet
allaccaratu *adj.* weak
all'esteru *adv.* abroad
allegru *adj.* merry
alligrizza *n.* joy
allura *adv.* then
almanaccu *n.* calendar
alterari *v.* alter
amabbili *adj.* amiable
amari *n.* love
ambiziusu *adj.* ambitious
americanu *n.* American
amicu *n.* friend

ammaru *n.* shrimp

ammasciaturi *n.* ambassador

ammazzari *v.* kill

ammettiri *v.* recognize

ammirabbili *adj.* admirable

ammogghiu *n.* envelope

ammucciari *v.* hide

ammuddari *v.* soak

ammugghiari *v.* wrap

ammuntari *v.* amount

analisi *n.* analysis

ananassu *n.* pineapple

anatra *n.* duck

anchi *adv.* too

ancilu *n.* angel

ancora *adv.* yet

ancura *n.* anchor

andatura *n.* pace

angulu *n.* angle, corner

anguscia *n.* agony

anima *n.* soul

annigari *v.* drown

annittari *v.* wipe

anniversariu *n.* anniversary

annu *n.* year

annuiari *v.* annoy, bother, vex

annunziari *v.* announce

ansia *n.* anxiety

antenatu *n.* ancestor

anticu *adj.* antique, old

antipaticu *adj.* nasty

apertu *adj.* open

apertura, *n.* hole

appassiunatu *adj.* fond

appena *adv.* hardly

applausu *n.* applause

applicari *v.* apply

aranciu *n.* orange

arba *v.* dawn

arcanu *adj.* mysterious

arcubbalenu *n.* rainbow

ardenti *adj.* intense

argentu *n.* silver

argumintari *v.* argue

aria *n.* air

ariuplanu *n.* airplane

ariuportu *n.* airport

arma   22   autobus

arma *n.* weapon

arma a focu *n.* gun

armadiu *n.* cupboard

armali *n.* animal

armuniusu *adj.* harmonious

arraggiatu *adj.* angry, mad

arrascari *v.* erase, scrape

arridduciri *v.* reduce

arrisicari *v.* jeopardize

arristari *v.* arrest

arrivari *v.* arrive

arrivu *n.* arrival

articulu *n.* article

artista *n.* artist

asciuttu *adj.* dry

ascutari *v.* listen

aspirapulviri *n.* vacuum cleaner

aspittari *v.* await, expect, look for

assaggiari *v.* taste

assai *adv.* very

assaiari *v.* dare

assassiniu *n.* murder

asseriri *v.* affirm

assicurari *v.* assure

assistiri *v.* assist, attend

assitatu *adj.* thirsty

assittari *v.* sit

associatu *n.* associate

assumiri *v.* engage

assurbiri *v.* absorb

asta *n.* rail

astutu *adj.* sly

attaccarisi *v.* adhere

attaccu *v.* attack

attentu *adj.* alert

atterraggiu *n.* landing

attiggiamentu *n.* attitude

attimu *n.* moment

attirari *v.* attract

attivitá *n.* sport, activity

attivu *adj.* active, busy

attraversu *adv.* across

attrici *n.* actress

attrizzatura *n.* outfit, equipment

attuali *adj.* current

atturi *n.* actor

autobus *n.* bus

autorimessa *n.* garage	**avu** *n.* grandfather
autorita *n.* authority	**avversu** *adj.* hostile
autru *adj.* another	**avvertiri** *v.* warn
autru *adv.* else	**avvinimentu** *n.* incident
autru *pron.* other	**avviniri** *n.* future
autu *adj.* high	**avvucatu** *n.* lawyer
autunnu *n.* autumn	**azioni** *n.* action
aviri *v.* have, possess	**azzardu** *n.* risk
aviri bisognu *v.* want	**azzurru** *adj.* blue
aviri successu *v.* succeed	

B

baccanu *n.* noise
badagghiari *v.* yawn
bagagghiu *n.* luggage
balena *n.* whale
ballu *n.* dance
bamminu *n.* infant
banca *n.* bank
bannera *n.* flag
barca *n.* boat
barra *n.* bar
barrista *n.* bartender
barzilletta *n.* joke
battagghia *n.* battle, war
battiri *v.* beat
beddu *adj.* handsome, fine, nice
beffa *n.* jeer
benchi *conj.* although
beni *adv.* well
benvinutu *n.* welcome

bersagghiu *n.* target
bibblioteca *n.* library
bicicletta *n.* bike
biddazzu *adj.* lively
biddizza *n.* beauty
bigghiettu *n.* card, ticket
bilanciu *n.* balance, budget
birritta *n.* cap
bisbigghiu *n.* whisper
bisognu *n.* need
bistecca *n.* beefsteak
bisugnusu *adj.* poor
biunna *adj.* blond
bivanna *n.* beverage
biviri *v.* drink
bloccu *n.* block
bonamanu *n.* tip
bonu *adj.* good
botta *n.* blow

braciola *n.* cutlet
brillanti *adj.* bright
brillari *v.* shine
brucianti *adj.* hot
bruttu *adj.* ugly
buffu *adj.* funny

burru *n.* butter
burza *n.* bag, handbag
buttari *v.* throw
buttigghia *n.* bottle
buttuneddu *n.* stud
buttuni *n.* button

C

cá *adv.* here
ca vali *adj.* worth
caccia *n.* hunt
cadaviri *n.* corpse
cadiri *v.* fall
cafe *n.* café, coffee
caggiunari *v.* bring
caggiuni *n.* reason
calura *n.* heat
caluriferu *n.* radiator
caminari *v.* walk
camiuni *n.* truck
cammara *n.* apartment, room
cammisa *n.* shirt
campagnolu *adj.* rural
campu *n.* camp, field, stadium
campusantu *n.* cemetery
canapé *n.* couch
canceddu *n.* barrier, gate

canciari *v.* modify
cancillari *v.* cancel
canciu *n.* change, exchange
cani *n.* dog
cannila *n.* candle
cantari *v.* sing
capaci *adj.* able
capiddu *n.* hair
capistru *n.* rope
capitali *n.* capital
capitanu *n.* captain
cappeddu *n.* hat
cappucciu *n.* hood
capu *n.* boss, leader, chief
capuvolgiri *v.* upset
caratteri *n.* character
carceri *n.* jail
carni di viteddu *n.* veal
carni *n.* meat

carrica	27	ciatu

carrica *n.* charge
carrozza *n.* cab
carruzzuni *n.* van
carta *n.* paper
caru *adj.* dear
casa *n.* home
castigari *v.* punish
casu *n.* case
catolicu *adj.* catholic
cauru *adj.* warm
causi *n. (pl.)* pants, trousers
cautela *n.* caution
cavaddu *n.* horse
cecu *adj.* blind
cediri *v.* give up
cedula *n.* coupon
celebbritá *n.* star
celu *n.* heaven, sky
cena *n.* supper
centu *num.* hundred
cerca *n.* search
cessu *n.* toilet, lavatory
chi *pron.* what
chiacchiara *n.* rumor
chiacchiariari *v.* speak
chiacchiariata *n.* chat
chiamari *v.* call
chianciri *v.* cry
chianta du pedi *n.* sole
chianu *adj.* smooth
chiaru *adj.* clear
chiattu *adj.* flat
chiesa *n.* church
chinu di significatu *n.* meaning
chinu *adj.* full
chiovu *n.* nail
chistu *pron.* this
chiú *adv.* more, better
chiú *prep.* plus
chiú luntanu *adv.* further
chiú supra *adj.* upper
chiudiri *v.* close
chiudiri cu saliscinni *v.* latch
chiudiri *v.* shut
ciabbatta *n.* slipper
ciarari *v.* smell
ciascunu *pron.* each, everyone
ciatu *n.* wind

cibbu *n.* fare, food
cicatrici *n.* scar
cifra *n.* number
cincu *num.* five
cipria *n.* powder
cirasa *n.* cherry
circulari *adj.* round
circulu *n.* club
città *n.* city
citari *v.* quote
citatinanza *n.* nationality
citatinu *n.* citizen
ciucculatta *n.* chocolate
ciumi *n.* river
ciuri *n.* flower
ciuriri *v.* blossom
classi *n.* class
clienti *n.* client
cocciu di racina *n.* grape
cociri *v.* cook
codici *n.* code
cognetturari *v.* guess
collina *n.* hill
coltivari *v.* cultivate
commissioni *n.* committee
commissu *n.* salesperson
commudu *adj.* comfortable, cosy
compitu *n.* task
compitu *n.* labor, mission
completari *adj.* complete
completu *adj.* entire
complicari *v.* complicate
componenti *n.* ingredient
computari *v.* calculate
comu *adv.* how
comunqui *adv.* anyway
conchiudiri *v.* conclude
condizioni *n.* condition
congressu *n.* congress
connettiri *v.* connect, join
conquistari *v.* conquer
consapevuli *adj.* aware
conseguenza *n.* consequence
consultari *v.* consult
contra a liggi *adj.* illegal
contrabbannari *v.* smuggle
contrallari *v.* control

contribbuiri *v.* contribute
controllu *n.* check
cori *n.* heart
coriu *n.* leather
corpu *n.* body
corrispun *v.* correspond
corteggiu *n.* funeral
cosa *n.* thing, object
cosi duci *n.* pastry
costa *n.* coast
costruiri *v.* construct
costumi *n.* custom
crapettu *n.* kid
criari *v.* create
cridiri *v.* believe
crisi *n.* crisis
criticu *n.* critic
crudili *adj.* cruel
crudu *adj.* crude
cu *prep.* with
cucchiaru *n.* spoon
cucciutu *adj.* stubborn
cucina *n.* kitchen
cucinu *n.* cousin
cuda *n.* tail
cuetu *adj.* calm, still, quiet
cui *pron.* who
culazioni *n.* breakfast
culleggiu *n.* college
culuri *n.* color
cumannu *n.* order
cumeddia *n.* comedy
cummattimentu *n.* engagement
cummattiri *n.* fight
cummigghiari *s.* cover
cumminari *v.* combine
cumpagnia *n.* company
cumparsa *n.* appearance
cumpiri *v.* accomplish, commit
cumplimentu *n.* compliment
cumprari *v.* buy
cumprimiri *v.* impact
cumpurtarisi *v.* behave
cumuni *adj.* common
cuncertu *n.* concert
cunchigghia *n.* shell
cuncintrari *v.* concentrate

cundanna · 30 · custodia

cundanna *n.* sentence
cundannatu *n.* convict
cunfissari *v.* confess
cunflittu *n.* conflict
cunfurmari *v.* conform
cunfusioni *n.* chaos, confusion, mess
cunfusu *adj.* messy, vague
cunigghiu *n.* rabbit
cunsensu *n.* agreement
cunsidirari *v.* consider
cunsigghiu *n.* advice, opinion
cunsignari *v.* deliver
cunsulatu *n.* consulate
cunsumari *v.* consume
cunsumaturi *n.* consumer
cuntadinu *n.* peasant
cuntari *v.* count
cunteniri *v.* contain, include
cuntintari *v.* satisfy
cuntintizza *n.* happiness
cuntinuari *v.* continue
cuntradiciri *v.* contradict
cuntrairi *n.* contract
cuntrariu *adj.* opposite
cuntu *n.* bill, story
cunvincenti *adj.* satisfactory
cunvinciri *v.* persuade
cunvinienti *adj.* convenient
cunvitatu *n.* guest
cupiari *v.* copy
cura *n.* care
curaggiusu *adj.* brave
curiusitá *n.* interest
curpa *n.* fault
curpevuli *adj.* guilty
curraggiu *n.* courage
curriri *v.* run
cursa *n.* race
curti *n.* court
curtili *n.* yard
curtu *adj.* brief, short
cuscenza *n.* conscience
cuscinu *n.* pillow
cusiri *v.* sew
custanti *adj.* constant
custodia *n.* custody

custusu *adj.* expensive
cuteddu *n.* knife
cutidianu *n.* journal
cuttuni *n.* cotton
cuumerciu *n.* commerce

D

d'iddu *pron.* his
da *prep.* from
danniggiari *v.* injure
dannu *n.* damage, loss, mischief
dari *v.* form
dari ricivimentu *v.* entertain
dari u benvinutu *v.* greet
darreri *adv.* behind
daturi di travagghiu *n.* employer
ddá *adv.* there
debbitu *n.* debt
debbuli *adj.* faint, weak
decembri *n.* December
decenniu *n.* decade
deci *num.* ten
decidiri *v.* decide, determine
decisioni *n.* decision

deduciri *v.* deduct
deludiri *v.* disappoint
democrazia *n.* democracy
denunziari *v.* denounce
descriviri *v.* describe
desertu, *adj.* waste
desiderari *v.* desire, wish
destinu *n.* destiny
di sutta *prep.* beneath
di *prep.* by, of
di tutti iorna *adj.* everyday
diariu *n.* diary
diavulu *n.* devil
dibbattiri *v.* discuss
dichiarari *v.* declare
dicinnovi *num.* nineteen
dicirottu *num.* eighteen
dicissetti *num.* seventeen
dieta *n.* diet

difenniri — dumani

difenniri *v.* defend
differenza *n.* difference
difficultusu *adj.* difficult
difisa *n.* defense
dignitusu *adj.* decent
dilicatu *adj.* sensitive
diminuiri *v.* decrease
dinaru *n.* cash, money
dintista *n.* dentist
dintra *adv.* within
diploma *n.* diploma
diretturi *n.* director
direzioni *n.* direction, route
diri *v.* say, tell
diriggiri *v.* direct
dirittu *n.* law
disarmatu *adj.* unarmed
discerniri *v.* distinguish
discursu *n.* conversation, speech
disordini *n.* disorder
distanti *adv.* off
distrairi *v.* distract
distrittu *n.* district
distrudiri *v.* destroy

disturbari *v.* disturb
disuniri *v.* separate
ditta *n.* firm
Diu *n.* God
divirtimentu *n.* pleasure
documentariu *n.* documentary
dollaru *n.* dollar
domesticu *n.* domestic
domu *n.* cathedral
donari *v.* donate
donna *n.* woman
doppu *adv.* afterwards, since
dorsu *n.* back
du populu *adj.* popular
dubbiu *n.* doubt
duccia *n.* shower
duci *adj.* sweet
dudici *num.* twelve
dui *num.* two
duluri *n.* pain
duluri di capu *n.* headache
dumanari *v.* invite
dumani *n.* tomorrow

dumanna *n.* claim	**duranti** *prep.* during
dumannari *v.* ask	**duru** *adj.* hard, stiff
duminica *n.* Sunday	**duviri** *v.* have to, owe
dummana *n.* question	**duviri** *n.* duty
duppiu *adj.* double	**duzzina** *n.* dozen

E

ed *conj.* and
effettivu *adj.* effective
effettuari *v.* achieve
efficienti *adj.* efficient
eliggiri *v.* elect
emigrari *v.* emigrate
energia *n.* zip
enormi *adj.* huge
erba *n.* grass
eredi *n.* heir
ereditari *v.* inherit
ereditariu *adj.* hereditary
erruri *n.* mistake
esattizza *n.* accuracy
esempiu *n.* example, sample
esercitu *n.* army
eserciziu *n.* exercise
esibbizioni *n.* exhibition
esiliu *n.* exile
esistiri *v.* exist
esitari *v.* hesitate
esoticu *adj.* exotic
espandiri *v.* expand
esplorari *v.* explore
espurtari *v.* export
essenziali *adj.* essential, vital
essiri *v.* to be
essiri vivu *v.* live
estati *n.* summer
esteriuru *n.* exterior
estinzioni *n.* death
estremu *adj.* utmost
eta *n.* minority

F

fabbricari *v.* build
facci *n.* face
facili *adj.* easy
faculta *n.* faculty
falsu *n.* fake
falsu *adj.* false
famelicu *adj.* hungry
fami *n.* famine
famigghia *n.* family
fanali *n.* lantern
fannonia *n.* fable
fari *v.* to do, to make
fari a spisa *v.* invest
fari arraggiari *v.* irritate
fari canusciri *v.* introduce
fari capaci *v.* enable
fari crisciri *v.* grow
fari fretta *v.* rush
fari frunti *v.* cope
fari girari *v.* whirl
fari sauti *v.* leap
fari signu *v.* indicate
fari visita *v.* visit
farisi *v.* borrow
farisi garanti *v.* guarantee
farisi n'idea *v.* imagine
farmacia *n.* pharmacy
fattu *adj.* made
fatu *n.* fate
favuri *n.* favor
fedda *n.* slice
fedelta *n.* fidelity
felici *adj.* happy
felicitarisi *v.* congratulate
feria *n.* vacation
fermari *v.* stop
ferru *n.* iron
fertili *adj.* fertile
festivitá *adj.* festival

fiamma   37   fruttu

fiamma *n.* flame
fiascu *n.* failure
fidanzatu *adj.* engaged
fidi *n.* belief
fidi *n.* faith
fidili *adj.* faithful
fidili *adj.* loyal
fiducia *n.* trust
figghia *n.* daughter
figghiu *n.* son
figura *n.* picture
fila *n.* row
filari *v.* spin
fimmina *n.* female
fina a *prep.* until
fina *prep.* till
finciri di nun sapiri *v.* ignore
finestra *n.* window
fini *n.* end
firiri *v.* hurt
fissari *v.* settle
fistusu *adj.* cheerful
fitenti *adj.* ugly
fittiziu *adj.* imaginary
focu *n.* fire

fodara di cuscinu *n.* pillowcase
foggia *n.* fashion
fora *adv.* out
formali *adj.* formal
forsi *adv.* perhaps
forti *adj.* strong, loud
forza *n.* force
fra *prep.* between
fraggili *adj.* fragile
fragranza *n.* odor
frana *n.* landslide
francu *adj.* frank
Francisi *n.* French
frasi *n.* phrase
fratellu *n.* monk
frati *n.* brother
frequenti *adj.* frequent
frevi *n.* fever
fricari *v.* rub
friddu *adj.* cold
friscu *adj.* cool, fresh, green, recent
frivaru *n.* February
frutta *n.* dessert
fruttu *n.* fruit

fudda *n.* crowd
fumu *n.* smog
fumu e negghia *n.* smoke
funnazioni *n.* base
funnu *n.* bottom
funtana *n.* fountain
furestu *n.* forest
furiusu *adj.* furious

furmaggiu *n.* cheese
furmari *v.* shape
furniri *v.* furnish
furnu *n.* oven
furtuna *n.* chance, fortune
furtunatu *adj.* fortunate, lucky
fustu *n.* trunk

G

gabbinettu *n.* office
gabbu *n.* joke
gaddina *n.* chicken
gaiu *adj.* gay
gallaria *n.* gallery, tunnel
gamma *n.* leg
gara *n.* competition, match
gattu *n.* cat
gemellu *n.* twin
generali *adj.* general
generusu *adj.* generous
genituri *n.* parent
geniu *n.* genius
genti *n.* folk, people
gentili *adj.* gentle
gergu *n.* jargon
gestioni *n.* management
ghiaccaia *n.* refrigerator
ghiacciu *n.* ice
ghiancata *n.* sidewalk
gia *adv.* already
giacca *n.* coat
giallu *adj.* yellow
giardinu *n.* zoo
gilusu *adj.* jealous
gioia *n.* satisfaction
gioveddi *n.* Thursday
girari *v.* turn
giru *n.* tour, revolution
giucattulu *n.* toy
giugnu *n.* June
giurari *v.* swear
giustificari *v.* justify
giustizzia *n.* justice
giustu *adj.* fair
giuvini *adj.* young
giuvintú *n.* youth
gluriusu *adj.* glorious
gnuranti *adj.* ignorant

gonna *n.* skirt
governari *v.* manage
gradinu *n.* stair
gradu *n.* degree
granni *adj.* large, much
granu *n.* wheat
granuturcu *n.* corn
grassu *n.* fat
gravida *adj.* pregnant
grazziusu *adj.* beautiful, pretty
gridari *v.* scream
grossu *adj.* big
gruppu *n.* gang

guadagnu *n.* gain, income
guaiu *n.* trouble
guardari *v.* look, view, watch
guardarrobba *n.* wardrobe
guarizzioni *n.* cure
guastari *v.* spoil
gudiri *v.* enjoy
guerrieru *n.* warrior
guidari *v.* lead
guidaturi *n.* driver
gula *n.* throat
gulfu *n.* bay
gustu *n.* flavor, zest

I

iancu *adj.* white
idda *pron.* she
idda stissa *pron.* herself
iddi *pron.* they
iddu *pron.* he, him
iddu stissu *pron.* himself, itself
identitá *n.* identity
iditu du pedi *n.* toe
ieri *adv.* yesterday
ignittari *v.* inject
ignizzioni *n.* injection
immaggini *n.* image
immigranti *n.* immigrant
immortali *adj.* immortal
imparari *v.* learn
impiegu *n.* employment
imprisa *n.* enterprise
impurtari *v.* import
in ogni modu *adv.* anyhow
in qualchi locu *adv.* anywhere
in qualchi parti *adv.* somewhere
in qualci modu *adv.* somehow
in ritardu *adj.* late
in *prep.* in, into
inabbili *adj.* unable
incantu *n.* charm
inchiri *v.* fill, stuff
incigneri *n.* engineer
incirari *v.* wax
incompetenti *adj.* incompetent
incompletu *adj.* incomplete
incontru *n.* meeting
incorrettu *adj.* incorrect
incruciamentu *n.* cross
incuntrari *v.* meet

indaggini *n.* exam
indecenti *adj.* indecent
indibbulirisi *v.* fail
indifferenti *adj.* indifferent
indirizzu *n.* address
individuu *adj.* individual
individuu *n.* person
industria *n.* industry
infami *adj.* infamous
inferiuri *adj.* inferior
infernu *n.* hell
infezioni *n.* infection
influenza *n.* flu
influenza *n.* influence
infurmazioni *n.* news
ingannu *n.* illusion
ingannu *n.* fraud
ingiustu *adj.* unfair
Inglisi *adj.* English
iniziali *adj.* initial
iniziari *v.* start
innamuratu *n.* lover
innaru *n.* January
innatu *adj.* natural
innocuu *adj.* harmless
innu *n.* hymn
innuccenti *adj.* innocent
insazziabbili *adj.* insatiable
inseguiri *v.* trail
insettu *n.* bug, insect
insignari *v.* teach
insistiri *v.* insist
insolitu *adj.* unusual
instabbili *adj.* unreliable
intelliggenti *adj.* intelligent, smart
intendiri *v.* intend
interessatu *adj.* interested
interiuri *adj.* interior
internaziunali *adj.* international
internu *n.* inside
interrugari *v.* interrogate
intieramenti *adv.* altogether
intieru *adj.* whole
intornu *adv.* about
intricari *n.* intrigue
introduzioni *n.* introduction

inveci *adv.* instead
inventari *v.* invent
invernu *n.* winter
invitu *n.* invitation
iocu *n.* game
iocu di cauciu *n.* soccer
iornu *n.* day
iornu di festa *n.* holiday
iri *v.* go
iri avanti *v.* go on
ironia *n.* irony
irregulari *adj.* irregular

isari *adj.* erect
isari *v.* raise
ispezioni *n.* inspection
ispeziunari *v.* inspect
istantaniu *adj.* instant
istanti *n.* while
istintu *n.* instinct
istruiri *v.* instruct
isula *n.* island
isulari *v.* isolate
isulatu *adj.* lonely
iucari *v.* play

L

la *pron.* her
lagu *n.* lake
lampa *n.* lamp
lampu *n.* flash
lana *n.* wool
lanciari *v.* launch
largu *adj.* broad, wide
lassari *v.* let, release
latru *n.* robber, thief
latti *n.* milk
lattuca *n.* lettuce
latu *n.* side
lauriatu *n.* graduate
lavari *v.* wash
lavuraturi *n.* worker
lavuru *n.* work
leggiri *v.* read
lentu *adj.* slow
lettu *n.* bed
lezzioni *n.* lesson

libbertá *n.* liberty
libberu *adj.* free
libbru *n.* book
ligari *v.* attach
ligazza *n.* tie
liggenna *n.* legend
liggitimu *adj.* legal
lignu *n.* wood
lingua *n.* language
linguaggiu *n.* tongue
linnu *adj.* neat
liquidu *n.* liquid
lisciu *adj.* even
lista du manciari *n.* menu
lista *n.* list
littra *n.* letter
litturali *n.* beach
liveddu *n.* level
locali *adj.* local

locu *n.* place
longu *adj.* long
lu *pron.* it
luci *n.* light
lucidu *adj.* lucid
lumiuni *n.* lemon
luna *n.* moon
luneddi *n.* Monday
lunghizza *n.* length
luntanu *adj.* absent, away, far, beyond
lutta *n.* struggle

M

ma *adv.* but
macchia *n.* spot, stain
machina *n.* car, machine
magghicedda *n.* undershirt
maggiuranza *n.* majority
magnatu *n.* king
magnificu *adj.* grand
magnu *n.* wizard
magru *adj.* thin
mai *adv.* never
maiali *n.* pig
maistru *n.* master
maistusu *adj.* imperial
malancunia *n.* melancholy
malancuniusu *adj.* gloomy
malatia *n.* sickness
malatu *n.* ailing
malatu *adj.* ill
malediri *v.* damn
maleducatu *adj.* vulgar
malerva *n.* weed
malevulu *adj.* malevolent
mali *adj.* evil
malignu *adj.* malicious
malintisu *n.* misunderstanding
malsicuru *adj.* insecure
malu *adj.* bad
mancanti *adj.* missing
manciari *v.* eat
mannari *v.* send
mannari ca posta *n.* mail
mannatariu *adj.* mandatory
manu *n.* hand
mappamunnu *n.* globe
maravigghia *n.* surprise, miracle
maravigghiusu *adj.* great

marca *n.* brand
marciu *adj.* rotten
margini *n.* margin
mari *n.* sea
marina *n.* navy
marruni *adj.* brown
marteddí *n.* Tuesday
marzu *n.* March
mascara *n.* mask
maschili *adj.* masculine
masculu *n.* male
massaggiu *n.* massage
matarazzu *n.* mattress
matina *n.* morning
matrastra *n.* stepmother
matri *n.* mother
matrimoniu *n.* wedding
mattu *adj.* insane
maturu *adj.* mature
mbasciata *n.* embassy
mbriacu *adj.* drunk
mbriacu *n.* sot
mbrugghiuni *n.* crook
medicu *n.* doctor
medicu *adj.* medical

meditari *v.* meditate
membru *n.* member
menu *adj.* less
menzannotti *n.* midnight
menziornu *n.* noon
menzu *n.* middle
mercoldí *n.* Wednesday
meridioni *n.* south
meritu *n.* merit
mestu *adj.* sad
mettiri *v.* put, set
mettiri na cruci *v.* crucify
mi *pron.* me
mia stissu *pron.* myself
midicina *n.* medicine
migghiu *n.* mile
migghiuranza *n.* improvement
migghiurari *v.* ameliorate, improve
miliuni *num.* million
milli *num.* thousand
minaccia *n.* threat
minimu *n.* minimum
ministru *n.* minister

minutu *adj.* tiny	**mpalatu** *adj.* straight
minutu *n.* minute	**mpastizzari** *v.* mix, confuse
minzogna *n.* lie	**mpicciuliri** *v.* diminish
mirari *v.* aim	**mpiiurari** *v.* worsen
mircantari *v.* bargain	**mpistatu** *adj.* infected
mircatu *n.* market	**mprescia** *adv.* suddenly
miscari *v.* involve, mix	**mprisusu** *adj.* impudent
misi *n.* month	**mpupatu** *adj.* well-dressed
misura *n.* measure, size	**mucchiu** *n.* pile
misuraturi *n.* meter	**mugghieri** *n.* wife
mitá *n.* half	**mulinu** *n.* mill
mititura *n.* harvest	**multi** *adj.* many
mitu *n.* myth	**multu bonu** *adj.* excellent
miu *pron.* my	**muluni** *n.* melon
mmiscari *v.* stir	**munita** *n.* coin
mobbili *n.* furniture	**munita currenti** *n.* currency
moderatu *adj.* moderate	**munnizza** *n.* dust, garbage
monumentu *n.* monument	**munnu** *n.* earth, world
morali *n.* moral	**munti** *n.* mountain
mortu *adj.* dead	**muragghia** *n.* wall
moturi *n.* motor	**muriri** *v.* die
movimentu *n.* movement	
moviri *v.* move	
mpacciari *v.* trouble, annoy	

musca *n.* fly
muschitta *n.* mosquito
musciu *adj.* flabby
museu *n.* museum

musica *n.* music
mustrari *v.* expose, show
mutanni *n.* underpants
mutu *adj.* dumb

N

na vota *adv.* once
nanna *n.* grandmother
narrari *v.* narrate
nascita *n.* birth
nastru *n.* tape
nasu *n.* nose
natali *n.* Christmas
natari *v.* swim
natura *n.* nature
navi *n.* ship
navigari *n.* navigate
nazzionali *adj.* national
nazzioni *n.* nation
negari *v.* deny
negativu *adj.* negative
negghia *n.* fog
negozziu *n.* store
nemicu *n.* enemy
nenti *n.* nothing
nesciri *v.* bleed, go out
nessunu *n.* nobody
nessunu *adv.* no
nfurnari *v.* bake
ngagghiamentu *n.* jam
niputi *n.* grandchild, niece
nisciuta *n.* exit
niuru *adj.* black
nivi *n.* snow
nnamurarisi *v.* fall in love
nnarreri *adv.* behind
nnimicu *n.* enemy
nningari *v.* ask
nnomu *n.* name
nnucenti *adj.* innocent
nolu *n.* freight
nonostanti *n.* despite
nora *n.* daughter-in-law
nostru *adj.* our
notti *n.* night

novanta *num.* ninety
novembri *n.* November
novi *num.* nine
novu *adj.* new
nquantu *prep.* in regard to
nsalata *n.* salad
nsemmula *adv.* together
nsiccutu *adj.* dried up
nsirtari *v.* guess
nsitari *v.* graft
nsú *adv.* above
nsulintari *v.* insult
nsumma *adv.* finally
nsunnacchiatu *adj.* sleepy
nsunzatu *adj.* dirty
ntagghiari *v.* carve
ntantazioni *n.* temptation
ntantu *adv.* meanwhile
ntarcari *v.* delude
ntavulatu *n.* floor
nticchiatu *adj.* dressed up
ntinagghiari *v.* compel
ntisu *adj.* respected

ntra *prep.* between
ntracinari *v.* investigate
ntrata *n.* entry, entrance
ntroitu *n.* income
ntuppari *v.* meet
nucevuli *adj.* harmful
nucidda *n.* peanut, hazelnut
nuddu *pron.* anybody
nudu *adj.* nude
nui *pron.* we
nullu *n.* invalid
nun arrigurdari *v.* forget
nun cumuni *adj.* uncommon
nun essiri d'accordu *v.* disagree
nun impiegatu *adj.* unemployed
nun naturali *adj.* unnatural
nuvula *n.* cloud
nuveddu *adj.* recent
nvernu *n.* winter
nzingari *v.* make signs
nzita *n.* bristle

O

o *conj.* or
o nordu *adv.* north
obbidiri *v.* obey
obbligu *n.* duty
occasioni *n.* occasion
occhiu *n.* eye
occidenti *n.* west
oceanu *n.* ocean
ocidiri *v.* kill
odiari *v.* detest
odiu *n.* hate
odiusu *adj.* invidious
ofanu *adj.* empty
offenniri *n.* harm
officiali *n.* official
offriri *v.* offer
oggi *adv.* today
ogni vota ca *adv.* whenever
omettiri *v.* omit

omu *n.* man
onestu *adj.* honest
onuratu *adj.* honored
opuru *pron.* either
orali *adj.* oral
orariu *n.* hour
ordinari *v.* command
organizzari *v.* organize
oricchia *n.* ear
origgini *n.* origin
ornari *v.* decorate
orribili *adj.* horrible
orridu *adj.* hideous
oru *n.* gold
oscuru *adj.* dark, dull
ospiti *n.* hostess
ostaggiu *n.* hostage
otteniri *v.* acquire, obtain
ottubbri *n.* October

ovali *n.* oval

ovviu *adj.* apparent

ozziusu *adj.* lazy

P

pabbulu *n.* food
pacatu *adj.* quiet
pacchianu *adj.* stupid
paci *n.* peace
padedda *n.* pan
paga *n.* salary, wage
pagari *v.* pay
pagghiazzu *n.* clown
paisi *n.* country, town, village
palazzu *n.* palace
palla *n.* ball
palu *n.* post, stake
palurazza *n.* bad word
panciottu *n.* vest
pani *n.* bread
paninu *n.* sandwich
panna *n.* cream
panza *n.* stomach
papà *n.* dad

paradisu *n.* paradise
paragunari *v.* compare
paraguni *n.* comparison
parata *n.* parade
parcu *n.* park
paricchi *adj.* several
parigghia *n.* pair
pariri *v.* appear
parlamentu *n.* parliament
parola *n.* word
parrari *v.* talk
parrighia *n.* couple
parrucca *n.* wig
parruccheri *n.* hairdresser
partiri *v.* leave
partitu *n.* party
paru di forfici *n.* scissors
pasienti *adj.* patient
passaggeru *n.* passenger

passatu *n.* past	pero *adv.* however
passatu *adj.* last	persica *n.* peach
passioni *n.* passion	persu *adj.* lost
passu *n.* step	petra *n.* gem, rock, stone
passula *n.* raisin	pettu *n.* breast
pastu *n.* meal	pezzu *n.* piece
patata *n.* potato	piaciri a *v.* please
patati *n.* yam	piaciri *v.* like
patiri *v.* suffer	pianta *n.* map
patrastru *n.* stepfather	pianu *n.* plan
patri *n.* father	piattu *n.* plate
patrinu *n.* sponsor	picca *adj.* few
patruna di casa *n.* housewife	piccanti *adj.* spicy
	picciotta *n.* girl
pazzia *n.* madness	picciottu *n.* boy
pazzu *adj.* crazy	picciriddu *n.* child
peddi *n.* skin	picciulu *adj.* small
pedi *n.* feet	pidali *n.* pedal
peggiu *adj.* worse	piegari *v.* fold, wrap
pensari *v.* think	pietá *n.* pity, mercy
perdiri *v.* lose	pigghiari *v.* take, seize
periculu *n.* danger	pigghiari parti *v.* participate
periculusu *adj.* dangerous	
periodu *n.* period	pigiama *n.* pajamas
permissu *v.* permit	pinnenti *adj.* cheap
permissu *n.* pass	pinzeri *n.* thought

pioggia *n.* rain
pipi *n.* pepper
pirchi *conj.* because
pirchi *adv.* why
pirdinnu *n.* pardon
pirdunari *v.* forgive
pirsuna *n.* guy
pisanti *adj.* heavy
pisci *n.* fish
pisedda *n.* pea
pisu *n.* weight
pitittu *n.* appetite
pitrusinu *n.* parsley
pittigulizzu *n.* gossip
pocu *adj.* little
pocu notu *adj.* obscure
pollici *n.* inch
pomeriggiu *n.* afternoon
ponti *n.* bridge
porta *n.* door
portafogghiu *n.* wallet
posizzioni *n.* lay, position
possibbili *adj.* possible
pranzu *n.* lunch
precettu *n.* dictate
predari *n.* prey
preferiri *v.* prefer
preggiu *n.* quality
premiri *v.* squeeze
preoccuparisi *v.* worry
pressanti *adj.* urgent
pressu *adj.* near
prestari *v.* lend
prestu *adv.* soon
prezzu *n.* cost, value
pri sempri *adv.* forever
pri *prep.* for, through
prigari *v.* pray
priggiuni *n.* prison
prima *adv.* before
prima *adj.* first
primavera *n.* spring
primu *adj.* early, former
principali *n.* main
priparari *v.* prepare
prisenti *adj.* actual
prisuttu *n.* ham
produciri *v.* yield
produttu *n.* product
profumu *n.* fragrance, perfume

profunnu *adj.* deep
prontu *excl.* hello
prontu *adj.* ready
prossimu *adj.* next
prostituta *n.* prostitute
prova *n.* test
pruvari *v.* try
pudicu *adj.* modest
puliri *v.* cleanse
pulitu *adj.* clean
pulpetta di carni *n.* hamburger
pumidoru *n.* tomato
pumu *n.* apple

puntu *n.* point
pupazzu *n.* puppet
pupulazzioni *n.* population
purtari *v.* carry, wear
puru *adv.* also
puru *adj.* pure
pussidiri *v.* own
pustinu *n.* mailcarrier
putenza *n.* strength
putia *n.* shop
putiri *v.* may
puvirta *n.* poverty
puzzari *v.* stink

Q

quadiatura *n.* heating
qualchi vota *adv.* sometimes
qualchicosa *n.* something
qualcunu *pron.* anyone, somebody
quannu *adv.* when
quartu *n.* quarter
quasetta *n.* sock
quatru *n.* square, four
quinnici *num.* fifteen

R

radici *n.* root
radiu *n.* radio
radunari *v.* gather
raggi X *adj.* x-ray
raggia *n.* anger
raggruppamentu *n.* group
raloggiu *n.* clock
rama *n.* branch
rapidu *adj.* fast
rapprisintanti *n.* agent
raru *adj.* rare
rassimigghiari *v.* resemble
razzista *adj.* racist
reali *adj.* royal, real
reggiri *v.* govern
regula *n.* rule
regulari *adj.* regular
resistiri *v.* resist
retaggiu *n.* heritage

ricanusciri *v.* acknowledge
richiesta *n.* demand
riciviri *v.* accommodate
ricivuta *n.* receipt
ricordu *n.* memory
ricu *adj.* rich
ricuperari *v.* recover
ricursu *v.* appeal
riddiculu *adj.* ridiculous
ridiri *v.* laugh
rifiutari *v.* decline, refuse
rifiuti *n.* rubbish
rigalu *n.* gift
riggidu *adj.* rigid
riggina *n.* queen
rigurdari *v.* remember
rina *n.* sand
rinchiantu *n.* regret
rini *n.* kidney

riparari *v.* repair	**robba di sutta** *n.* underwear
ripetiri *v.* repeat	**robbustu** *adj.* robust
ripidu *adj.* rapid	**romanticu** *adj.* romantic
ripustigghiu *n.* closet	**romanzu** *n.* novel
rispettu *n.* respect	**rosa** *n.* rose
rispunniri *n.* answer	**rosiu** *adj.* pink
rispunniri *v.* reply	**rota** *n.* wheel
risu *n.* rice	**rozzu** *adj.* rough
ritardari *v.* delay	**rubbari** *v.* steal
ritirari *v.* withdraw	**ruina** *n.* ruin
ritirarisi *v.* retire	**rusariu** *n.* bead
ritrattu *n.* portrait	**russu** *adj.* red
riturnari *v.* return	**ruvidu** *adj.* harsh
riunioni *n.* assembly	

S

sabbatu *n.* Saturday
saggiu *n.* trial
sagrifizzu *n.* sacrifice
sagru *adj.* sacred
sala da pranzu *n.* dining room
sali *n.* salt
salvi *excl.* hi
sannula *n.* sandal
santu *n.* saint
sanu *adj.* healthy
sanzioni *n.* approval
sapiri *v.* know
sapuni *n.* soap
sapuri *n.* savor
sarda *n.* sardine
sarsa *n.* sauce
sartu *n.* tailor
sarvaggiu *adj.* wild
sarvari *v.* save
sarvu *adj.* safe
sasizza *n.* sausage
satari *v.* jump
sbagghiatu *adj.* wrong
sbagghiu *n.* error
sbalancatu *adj.* yawning
sbarbari *v.* shave
sbintura *n.* disaster
sbrigarisi *adj.* hurry
scacciari *v.* crush
scaffali *n.* shelf
scannalu *n.* scandal
scantatu *adj.* afraid
scantu *n.* fear
scanusciutu *n.* stranger
scappari *v.* flee
scarpa *n.* shoe
scarsu *adj.* scarce
scatula *n.* box
scatulari *v.* can

sceccu *n.* donkey
scegghiri *v.* choose
scemu *adj.* silly
scena *n.* scene
scheda *n.* schedule
schermu *n.* screen
schiavu *n.* slave
scienza *n.* science
scioccu *adj.* stupid
sciogghiri *v.* solve
scoiattulu *n.* squirrel
scola *n.* school
scopu *n.* effect
scorta *n.* escort
scortari *v.* accompany
scrittura *n.* writing
scrivania *n.* desk
scriviri *v.* write
scugghiera *n.* cliff
scuma *n.* foam
scumbrari *v.* evacuate
scumpariri *v.* disappear, vanish
scuperta *n.* invention
scupriri *v.* discover
scuraggiutu *adj.* depressed
scurriri *v.* flow
scusarisi *v.* apologize
seculu *n.* century
secunnu *prep.* according
sedda *n.* saddle
seduciri *v.* seduce
seggia *n.* chair, seat
segretu *adj.* secret
seguenti *prep.* after
sei *num.* six
sembrari *v.* seem
sempri *adv.* always, ever
sensu du tattu *n.* feeling
sentimentu *n.* sentiment
sentiri *v.* hear, feel
senza *prep.* without
senza mobbilia *adj.* unfurnished
seriu *adj.* serious
serpenti *n.* snake
serviri *v.* serve
servu *n.* servant
sessu *n.* sex
settembri *n.* September

setti *num.* seven
severu *adj.* severe
sfari *v.* undo
sfasciari *v.* smash
sforzu *n.* effort
sfrazzu *n.* luxury
sfrazzusu *adj.* gorgeous
sfurtuna *n.* misfortune
sgabellu *n.* stool
sgarbatu *adj.* rude
si *conj.* whether, if
si *adv.* yes
sicurizza *n.* safety
sicuru *adj.* sure
sidici *num.* sixteen
sigaretta *n.* cigarette
significari *v.* mean
signu *n.* sign
signura *n.* lady, madam
signuri *n.* lord, Mister
signurina *n.* Miss
silenziu *n.* silence
simana *n.* week
simbulu *n.* symbol
simigghianti *adj.* alike
simplici *adj.* naive, simple
sinistru *adj.* left
sinnacu *n.* mayor
sintenza *n.* verdict
sira *n.* evening
sirrari *v.* see
sirvizziu *n.* service
sistemari *v.* arrange
sita *n.* silk
sittanta *num.* seventy
smaniusu *adj.* impatient
soffici *adj.* soft
soggiornu *n.* stay
soggira *n.* mother-in-law
soggiru *n.* father-in-law
solidu *adj.* solid
sonnu *n.* dream
soru *n.* sister
spaccari *v.* split
spadda *n.* shoulder
spagu *n.* string
sparari *v.* shoot
spargiri *v.* pour
spartiri *v.* divide, share
spassu *n.* fun

spavintari *v.* frighten, scare	**spusalizziu** *n.* marriage
spazziu *n.* space	**spusari** *v.* marry
spazzula *n.* brush	**spusatu** *adj.* married
specchiu *n.* mirror	**spusu** *n.* husband
speciali *adj.* special	**sputari** *v.* spit
specii *n.* sort	**squalu** *n.* shark
spenniri *v.* spend	**stabbili** *n.* stable
spettru *n.* ghost	**stabbiliri** *v.* establish
spia *n.* spy, informer	**staggiunu** *n.* season
spiaggia *n.* seaside, beach	**stanchizza** *n.* fatigue
spillari *v.* tap	**stanza** *n.* bathroom
spinacia *n.* spinach	**stari in pedi** *v.* stand
spinciri *v.* drive, push	**stasira** *n.* tonight
spiranza *n.* hope	**statu** *n.* state
spiritu *n.* spirit	**stelu** *n.* stem
spisa *n.* expense	**stenniri** *v.* reach
spissu *adv.* often	**stili** *n.* style
spizzatu *adj.* broken	**stima** *n.* honor
sporcu *adj.* dirty, filthy	**stimari** *v.* admire
spugghiari *v.* undress	**stirpi** *n.* blood
spugghiatu *adj.* naked	**stissu** *adj.* same
spugna *n.* sponge	**stortu** *adj.* wry
spuntinu *n.* snack	**stracanciari** *v.* transform
spurcizzia *n.* dirt	**stracarricu** *adj.* overloaded
spusa *n.* spouse	**stracaru** *adj.* expensive

strachioviri	sutta

strachioviri *v.* rain buckets (hard)

strafuttenti *adj.* arrogant

strafuttiri *v.* careless

straggi *n.* massacre

straneru *n.* foreigner

straniu *adj.* alien

stranizza *n.* strangeness

stranu *adj.* strange

stranutari *v.* sneeze

strappari *v.* yank

strata *n.* street

strazzari *v.* tear

strega *n.* witch

strittu *adj.* tight

strumentu *n.* tool, instrument

studenti *n.* student

stufatu *n.* stew

stuffu *adj.* bored

stuiatu *adj.* polished

stunatu *adj.* out of tune

stupennu *adj.* splendid

stuppagghiu *n.* cork

stupitu *adj.* astonished

stuvali *n.* boot

su *prep.* on, over

su *adv.* up

subbitaniu *adj.* sudden

subbitu *adv.* immediately

sudditu *n.* subject

sufficientementi *adj.* enough

suffraggiu *n.* vote

sugghiuzzu *n.* sob

sulu *adj.* alone

summa *n.* sum

sunari *v.* ring, telephone

sunnari *v.* dream

superficiali *adj.* superficial

suppa *n.* soup

supporri *v.* suppose

surci *n.* mouse

surdatu *n.* soldier

surdu *adj.* deaf

surgenti *n.* source

surridiri *v.* smile

suspenniri *v.* hang, interrupt

sutta *adv.* below, downstairs

sutta *prep.* under
suttapassaggiu *n.* subway
suttasupra *adv.* upside-down
suttili *adj.* subtle

svantaggiu *n.* handicap
sveltu *adj.* quick
svigghiari *v.* awake
sviluppari *v.* develop

T

tacchinu *n.* turkey
tagghiacapiddi *n.* barber
tagghiateddi *n.* noodle
tagghiu *n.* cut
talentu *n.* talent
tali *adj.* such
taliari fissu *v.* stare
tappitu *n.* rug
tarantula *n.* spider
tartuca *n.* turtle
tassí *n.* taxi
tauru *n.* bull
tavula *n.* board, table
tazza *n.* cup
té *n.* tea
teatru *n.* theater
tecnica *n.* technique
telefonu *n.* phone
televisioni *n.* television
temperatura *n.* temperature
tempu *adv.* ago
tempu *n.* weather, time
tendenza *n.* trend
teniri *v.* keep
tenniru *adj.* tender
tentari *v.* attempt
tenzioni *n.* tension
terra *n.* land
terribbili *adj.* awful
terzu *adj.* third
tessiri *v.* weave
testa *n.* head
ti *pron.* yourself
tila *n.* cloth, web
timidu *adj.* shy, timid
timpesta *n.* storm
tintari *v.* endeavor
tipu *n.* type
tirari *v.* draw
tissutu *n.* fabric

tomba *n.* tomb
torta *n.* cake
tradizzioni *n.* tradition
traguardu *n.* goal
tranni *conj.* except
tranquillu *adj.* tranquil
trasiri *v.* enter
traspurtazioni *n.* transportation
trattari cu rispettu *v.* respect
travagghiu *n.* job
travirsata *n.* voyage
tremennu *adj.* terrible
triangulu *n.* triangle
trisoru *n.* darling, treasure
truffa *n.* cheat
trumma *n.* trumpet
truvari *v.* find
tu *pron.* you
tubbu *n.* pipe, tube
tuffari *v.* plunge
tunnillata *n.* ton
turciuta *n.* twist
tuttu *adj.* all
tuvagghedda *n.* napkin

U

u cleru *n.* ministry
u massimu *adj.* most
u megghiu *adj.* best
u qualí *pron.* which
u so *pron.* its
uguali *adj.* equal
ultimu *adj.* final, ultimate, latter
umbrella *n.* umbrella
umiditá *n.* humidity
ummira *n.* shadow
umuri *n.* humor, mood
un *art.* a
unicu *adj.* only
universitá *n.* university
unna *n.* wave
unni *adv.* where
unniatu *adj.* wavy
unnici *num.* eleven
unu *art.* an
unu *pron.* someone
unu *num.* one
uragunu *n.* hurricane
urgiri *v.* urge
urlari *v.* shout
urtu *n.* shock
usari *v.* use
utili *adj.* useful

V

vacca *n.* cow
vagari *v.* wander
vagnatu *adj.* wet
vaguni *n.* wagon
valli *n.* valley
valutari *v.* evaluate
vanigghia *n.* vanilla
vanu *adj.* vain
variari *v.* vary
variazzioni *n.* variety
variu *adj.* diverse, various
vasciu *adj.* low
vasu *n.* kiss
veiculu *n.* vehicle
velocita *n.* speed
velu *n.* veil
veniri *v.* come
veramenti *adv.* actually
verbu *n.* verb
verificari *v.* verify
veritá *n.* truth
vermi *n.* worm
versu a parti centrali *n.* downtown
veru *adj.* true
vespa *n.* wasp
via *n.* road, way, street
viaggiari *v.* travel
viaggiu *v.* journey
viaggiu *n.* trip
vibbrari *v.* vibrate
vidiri *v.* see
vidua *n.* widow
vigliaccu *n.* coward
villutu *n.* velvet
vina *n.* vein
vinciri *v.* win
vinnita *n.* sale
vinnitta *n.* vengeance
vinti *num.* twenty

vinu *n.* wine
viola *n.* violet
violari *v.* violate
violenza *n.* violence
virdura *n.* vegetable
virgini *adj.* virgin
virili *adj.* virile
virniciari *v.* varnish
visioni *n.* vision
vistitu *n.* costume
vistu *n.* visa
vita *n.* life, waist
vitamina *n.* vitamin
vittima *n.* victim
vittoria *n.* victory
vituperari *v.* insult
viulinu *n.* violin
vivu *adj.* alive
vizziu *n.* vice
vizziusu *adj.* vicious
vocabbulariu *n.* dictionary
volontariu *adj.* voluntary
volu *n.* flight
vomitari *v.* vomit
vostru *pron.* your
votu *n.* void
vrigogna *n.* shame
vucca *v.* mouth
vucceri *n.* butcher
vuci *n.* voice
vulari *v.* fly
vulcanu *n.* volcano
vuliri *n.* will
vulnerabbili *adj.* vulnerable
vurricari *v.* bury
vuscari *v.* earn

Z

zaccaru *adj.* dirty
zagatu *n.* delicatessen
zainu *n.* rucksack, backpack
zampa *n.* foot
zappu *adj.* cheerful
zebbra *n.* zebra
zenofobicu *adj.* xenophobe
zeru *n.* zero
zibbibbu *n.* grape
zicca *n.* mint
zilofonu *n.* xylophone
ziu *n.* uncle
zona *n.* zone
zoppu *adj.* lame
zuccaru *n.* sugar
zuccu *n.* stump

ENGLISH-SICILIAN

A

a [e] *art.* un, una

abandon [e'baendon] *v.* abbannunari

able ['eibl] *adj.* capaci

abolish [e'bolish] *v.* abbuliri

about [e'baut] *adv.* intornu a

abroad [e'bro:d] *adv.* all'esteru

absent ['aebsent] *adj.* luntanu

absorb [eb'zɔɪb] *v.* assurbiri

abuse [e'biu:s] *n.* abbusari

accent ['aeksent] *n.* accentu

accept [ek'sept] *v.* accittari

accommodate [e'komedeit] *v.* riciviri

accompany [e'kampeni] *v.* scortari

accomplish [e'kamplish] *v.* cumpiri

according [e'ko:rding] *prep.* secunnu

accumulate [e'kiu:miu'leit] *v.* accumulari

accuracy ['aekiuresi] *s.* esattizza

accustom [e'kastem] *v.* adattari

achieve [e'shi:v] *v.* effettuari

acknowledge [e'noledj] *v.* ricanusciri

acquire [e'kwaier] *v.* otteniri

across [e'kros] *adv.* attraversu

action ['aekshin] *n.* azioni

active ['aektiv] *adj.* attivu

activity [aek'tiviti] *n.* attività

actor ['aekter] *n.* atturi

actress ['aektris] *n.* attrici

actual ['aektuel] *adj.* prisenti

actually ['aektueli] *adv.* veramenti

adapt [e'dapt] *v.* aggiustari

add [aed] *v.* agghiunciri

address [e'dres] *n.* indirizzu

adhere [ed'hier] *v.* attaccarisi

admirable ['aedmerebl] *adj.* ammirabbili

admire [ed'maier] *v.* stimari

advice [ed'vais] *n.* cunsigghiu

affect [e'fekt] *v.* affettari

affirm [e'fe:rm] *v.* asseriri

afraid [e'freid] *adj.* scantatu

after ['a:fte:r] *prep.* seguenti

afternoon ['a:fte:rnu:n] *n.* pomeriggiu

afterwards ['aftewerdz] *adv.* doppu

agent ['eidjent] *n.* rapprisintanti

ago [e'gou] *adv.* tempu fa

agony ['aegeni] *n.* anguscia

agree [e'gri:] *v.* accitari

agreement [e'gri:ment] *n.* cunsensu

agriculture [,aegri'kaltsher] *n.* agricultura

aid [eid] *n.* aiutu

ailing ['eiling] *n.* malatu

aim [eim] *v.* mirari

air [eer] *n.* aria

airplane ['eerplein] *n.* ariuplanu

airport ['eerpo:rt] *n.* ariuportu

alcohol ['aelkehol] *n.* alcool

alert [e'le:t] *adj.* attentu

alien ['eilien] *adj.* straniu

alike [e'laik] *adj.* simigghianti

alive	77	antique

alive [e'laiv] *adj.* vivu

all [o:l] *adj.* tuttu

alone [e'loun] *adj.* sulu

along [e'lo:ng] *adv.* accantu

alphabet ['aelfebet] *n.* alfarbetu

already [o:l'redi] *adv.* gia

also [o:lsou] *adv.* puru

alter ['o:lter] *v.* alterari

although [o:lzou] *conj.* benchi

altogether [o:lte'gedze:r] *adv.* intieramenti

always ['o:lweiz] *adv.* sempri

ambassador [aem'baesede:r] *n.* ammasciaturi

ambitious [aem'bishes] *adj.* ambiziusu

ameliorate [amelioret] *v.* migghiurari

American [e'meriken] *n.* americanu

amiable ['eimiebel] *adj.* amabbili

amount [e'maunt] *v.* ammuntari

an [aen; en] *art.* unu

analysis [e'naelisis] *n.* analisi

ancestor ['aensester] *n.* antenatu

anchor ['aenker] *n.* ancura

and [aend] *conj.* ed

angel ['eindjl] *n.* ancilu

anger ['eanger] *n.* raggia

angle ['aengl] *n.* angulu

angry [aengri] *adj.* arraggiatu

animal ['aeniml] *n.* armali

anniversary [,aeny've:rseri] *n.* anniversariu

announce [e'nauns] *v.* annunziari

annoy [e'noi] *v.* annuiari

another [e'nadzer] *adj.* autru

answer ['aenser] *n.* rispunniri

antique [aen'ti:k] *adj.* anticu

anxiety [aeng'zaieti] *n.* ansia

any ['eni] *pron.* alcunu

anybody ['eni'bodi] *pron.* nuddu

anyhow ['enihau] *adv.* in ogni modu

anyone ['eniwan] *pron.* qualcunu

anyway ['eniwei] *adv.* comunqui

anywhere ['enihweer] *adv.* in qualchi locu

apartment [e'pa:rtment] *n.* cammara

apologize [e'poledjaiz] *v.* scusarisi

apparent [e'paerent] *adj.* ovviu

appeal [e'pi:l] *v.* ricursu

appear [e'pier] *v.* pariri

appearance [e'pierens] *n.* cumparsa

appetite ['aepitait] *n.* pitittu

applause [e'plo:z] *n.* applausu

apple ['aepl] *n.* pumu

apply [e'plai] *v.* applicari

approach [e'proutsh] *v.* abbicinari

approval [e'pru:vel] *n.* sanzioni

argue ['a:rgiu:] *v.* argumintari

army ['a:rmi] *n.* esercitu

arrange [e'reindj] *v.* sistemari

arrest [e'rest] *v.* arristari

arrival [e'raivel] *n.* arrivu

arrive [e'raiv] *v.* arrivari

article ['a:rtikl] *n.* articulu

artist ['a:rtist] *n.* artista

ask [ae:sk] *v.* dumannari

assembly [e'sembli] *n.* riunioni

assist [e'sist] *v.* assistiri

associate [e'soushieit] *n.* associatu

assure [e'shu:r] *v.* assicurari

astonished [es'tonisht] *adj.* stupitu

attach [e'taetsh] *v.* ligari

attack [e'taek] *v.* attaccu

attempt [e'tempt] *v.* tentari

attend [e'tend] *v.* assistiri

attitude ['aetitu:d] *n.* attiggiamentu

attract [e'traekt] *v.* attirari

authority [o:'toriti] *n.* autorita

autumn ['o:tem] *n.* autunnu

await [e'weit] *v.* aspittari

awake [e'weik] *v.* svigghiari

aware [e'weer] *adj.* consapevuli

away [e'wei] *adv.* luntanu

awful ['o:ful] *adj.* terribbili

B

back [baek] *n.* dorsu

bad [baed] *adj.* malu

bag [baeg] *n.* burza

bake [beik] *v.* nfurnari

balance ['baelens] *n.* bilanciu

ball [bo:l] *n.* palla

bank ['baenk] *n.* banca

bar [ba:r] *n.* barra

barber ['ba:rber] *n.* tagghiacapiddi

bargain ['ba:rgin] *v.* mircantari

barrier ['baerier] *n.* canceddu

bartender ['ba:rtender] *n.* barrista

base [beis] *n.* funnazioni

bathroom ['ba:ʐru:m] *n.* stanza du bagnu

battle ['baetl] *n.* battagghia

bay [bei] *n.* gulfu

be [bi:] *v.* essiri

beach [bi:tsh] *n.* litturali

bead [bi:d] *n.* rusariu

beat [bi:t] *v.* battiri

beautiful ['biu:tiful] *adj.* grazziusu

beauty ['biu:ti] *n.* biddizza

because [bi'ko:z] *conj.* pirchi

become [bi'kam] *v.* addivintari

bed [bed] *n.* lettu

before [bi'fo:r] *adv.* prima

begin [bi'gin] *v.* accumminzari

behave [bi'heiw] *v.* cumpurtarisi

behind [bi'haind] *adv.* darreri

belief [bi'li:f] *n.* fidi

believe 81 breast

believe [bi'li:v] *v.* cridiri

below [bi'low] *adv.* sutta

beneath [bi'ni:s] *prep.* di sutta

beside [bi'said] *adv.* accantu

best [best] *adj.* u megghiu

better ['beter] *adv.* chiù

between [bi'twi:n] *prep.* fra

beyond [bi'iond] *adv.* luntanu

big [big] *adj.* grossu

bike [bajk] *n.* bicicletta

bill [bil] *n.* cuntu

bird [be:rd] *n.* aceddu

birth [be:rt] *n.* nascita

black [blaek] *adj.* niuru

bleed [bli:d] *v.* nesciri sangu

blind [blaind] *adj.* cecu

block [blok] *n.* bloccu

blond [blond] *adj.* biunna

blood [blad] *n.* stirpi

blossom ['blosem] *v.* ciuriri

blow [blou] *n.* botta

blue [blu:] *adj.* azzurru

board [bo:rd] *n.* tavula

boat [bout] *n.* barca

body ['bodi] *n.* corpu

book [buk] *n.* libbru

borrow ['borou] *v.* farisi prestari

boss [bo:s] *n.* capu

bother [boder] *v.* annuiari

bottle ['botl] *n.* buttigghia

bottom ['botem] *n.* funnu

box [boks] *n.* scatula

boy [boi] *n.* picciottu

branch [bra:nsh] *n.* rama

brand [braend] *n.* marca

brave [breiw] *adj.* curaggiusu

bread [bred] *n.* pani

breakfast ['brekfest] *n.* culazioni

breast [brest] *n.* pettu

bridge [bridj] *n.* ponti
brief [bri:f] *adj.* curtu
bright [brait] *adj.* brillanti
bring [bring] *v.* caggiunari
broad [bro:d] *adj.* largu
broken [brouken] *adj.* spizzatu
brother ['brader] *n.* frati
brown [braun] *adj.* marruni
brush [brash] *n.* spazzula
budget ['badjet] *n.* bilanciu
bug [bag] *n.* insettu
build [bild] *v.* fabbricari
bull [bul] *n.* tauru
burn [be:rn] *v.* abbruciari
bury ['beri] *v.* vurricari
bus [bas] *n.* autobus
business ['biznis] *n.* affari
busy ['bizi] *adj.* attivu
but [bat] *adv.* ma
butcher ['butsher] *n.* vucceri
butter ['bater] *n.* burru
button ['batn] *n.* buttuni
buy [bai] *v.* cumprari
by [bai] *prep.* di

C

cab [kaeb] *n.* carrozza

cafe ['kaefei] *n.* cafe

cake [keik] *n.* torta

calculate ['kaelkiuleit] *v.* computari

calendar ['kaelender] *n.* almanaccu

call [ko:l] *v.* chiamari

calm [ka:m] *adj.* cuetu

camp [kaemp] *n.* campu

can [kaen] *v.* scatulari, puttiri

cancel ['kaensel] *v.* cancillari

candle ['kaendl] *n.* cannila

cap [kaep] *n.* birritta

capable ['keipebl] *adj.* àbbili

capital ['kaepitl] *n.* capitali

captain ['kaeptin] *n.* capitanu

car [ka:r] *n.* machina

card ['ka:rd] *n.* bigghiettu

care [keer] *n.* cura

carry ['kaeri] *v.* purtari

case [keis] *n.* casu

cash [kaesh] *n.* dinaru

cat [kaet] *n.* gattu

catch [kaetsh] *v.* affirrari

cathedral [ke'ɾi:drel] *n.* domu

catholic ['kaeɾelik] *adj.* catolicu

caution ['ko:shin] *n.* cautela

cemetery ['semitri] *n.* campusantu

century ['sentshuri] *n.* seculu

chair [tsheer] *n.* seggia

chance [tsha:ns] *n.* furtuna

change [tshendj] *n.* canciu

chaos ['keios] *n.* cunfusioni

character ['kaerikter] *n.* caratteri

charge [tsha:rdj] *n.* carrica

charm [tsha:rm] *n.* incantu

chat [tshaet] *n.* chiacchiariata

cheap [tshi:p] *adj.* pinnenti, pocu costu

cheat [tshi:t] *n.* truffa

check [tshek] *n.* controllu

cheese ['tshi:z] *n.* furmaggiu

cherry ['tsheri] *n.* cirasa

chicken ['tshiken] *n.* gaddina

chief [tshi:f] *n.* capu, principali

child [tshaild] *n.* picciriddu

chocolate ['tshoklet] *n.* ciucculatta

choose [tshu:z] *v.* scegghiri

Christmas ['krismas] *n.* natali

church [tshe:rtsh] *n.* chiesa

cigarette [sige'ret] *n.* sigaretta

citizen ['sitizen] *n.* citatinu

city ['siti] *n.* città

claim [kleim] *n.* dumanna

class [klaes] *n.* classi

clean [kli:n] *adj.* pulitu

cleanse [klenz] *v.* puliri

clear [klier] *adj.* chiaru

clever ['klever] *adj.* ábbili

client ['klaient] *n.* clienti

cliff [klef] *n.* scugghiera

climb [klaimb] *v.* acchianari

clock [klok] *n.* raloggiu

close [klouz] *v.* chiudiri

closet 85 **confess**

closet ['klozit] *n.* ripustigghiu

cloth [klos] *n.* tila

cloud [klaud] *n.* nuvula

club [klab] *n.* circulu

coast [koust] *n.* costa

coat [kout] *n.* giacca

code [koud] *n.* codici

coffee ['kofi] *n.* café

coin [koin] *n.* munita

cold [kould] *adj.* friddu

college ['koledj] *n.* culleggiu

color ['kaler] *n.* culuri

combine [kembain] *v.* cumminari

come [kam] *v.* veniri

comedy ['komidi] *n.* cumeddia

comfortable ['kamfertebl] *adj.* commudu

command [ke'maend] *v.* ordinari

commerce ['kome:rs] *n.* cuumerciu

commit [ke'mit] *v.* cumpiri

committee [ke'miti:] *n.* commissioni

common ['komen] *adj.* cumuni

company ['kampeni] *n.* cumpagnia, societá

compare [kem'peer] *v.* paragunari

comparison [kem'paerison] *n.* paraguni

competition [,kompi'tishion] *v.* gara

complete [kem'pli:t] *adj.* completari

complicate ['kompli,keit] *v.* complicari

compliment ['kompliment] *n.* cumplimentu

concentrate ['konsentreit] *v.* cuncintrari

concert ['konsert] *n.* cuncertu

conclude [ken'klu:d] *v.* conchiudiri

condition [ken'dishion] *n.* condizioni

confess [ken'fes] *v.* cunfissari, ammettiri

conflict ['konflikt] *n.* cunflittu

conform [kon'fo:rm] *v.* cunfurmari

confusion [ken'fiu:jion] *n.* cunfusioni

congratulate [ken'graetiu,leit] *v.* felicitarisi

congress ['kongres] *n.* congressu

connect [ke'nekt] *v.* connettiri

conquer ['konker] *v.* conquistari

conscience ['konshens] *n.* cuscenza

consequence ['konsikwens] *n.* conseguenza

consider [ken'sider] *v.* cunsidirari

constant ['konstent] *adj.* custanti

construct [ken'strakt] *v.* costruiri

consulate ['konsiulet] *n.* cunsulatu

consult [ken'salt] *v.* consultari

consume [ken'siu:m] *v.* cunsumari

consumer [ken'siu:mer] *n.* cunsumaturi

contain [ken'tein] *v.* cunteniri

continue [ken'tiniu:] *v.* cuntinuari

contract ['kontraekt] *n.* cuntrairi

contradict [,kontre'dikt] *v.* cuntradiciri

contribute [ken'tribiut] *v.* contribbuiri

control [ken'troul] *v.* contrallari

convenient [ken'vi:nient] *adj.* cunvinienti

conversation [,konver'seishion] *n.* discursu

convict ['konvikt] *n.* cundannatu

cook [kuk] *v.* cociri

cool [kul] *adj.* friscu

cope ['koup] *v.* fari frunti

copy ['kopi] *v.* cupiari

corn [ko:rn] *n.* granuturcu, banalitá, caddu

corner ['ko:rner] *n.* angulu

corpse [ko:rps] *n.* cadaviri

correspond [,koris'pond] *v.* corrispun

cost [kost] *n.* prezzu

costume ['kostiu:m] *n.* vistitu

cosy ['kouzy] *adj.* commudu

cotton ['kotn] *n.* cuttuni

couch [kauch] *n.* canapé

count [kaunt] *v.* cuntari

country ['kantri] *n.* paisi

couple ['kapl] *n.* parrighia

coupon ['ku:pon] *n.* cedula

courage ['karidj] *n.* curraggiu

court [ko:rt] *n.* curti

cousin ['kazin] *n.* cucinu, cucina

cover ['kaver] *s.* cummigghiari

cow [kaw] *n.* vacca

coward ['kauerd] *n.* vigliaccu

crazy ['kreizi] *adj.* pazzu

cream [kri:m] *n.* panna

create [kri:'eit] *v.* criari

crisis ['kraisis] *n.* crisi

critic ['kritik] *n.* criticu

crook [kruk] *n.* mbrugghiuni

cross [kros] *n.* incruciamentu

crowd [kraud] *n.* fudda

crucify [kru:sifai] *v.* mettiri na cruci

crude [kru:d] *adj.* crudu

cruel [kruel] *adj.* crudili

crush [krash] *v.* scacciari

cry [krai] *v.* chianciri

cultivate ['kaltiveit] *v.* coltivari

cup [kap] *n.* tazza

cupboard ['kaberd] *n.* armadiu

cure [kiur] *n.* guarizzioni

currency ['karensi] *n.* munita currenti

current ['karent] *adj.* attuali

custody ['kastedy] *n.* custodia

custom ['kastem] *n.* costumi

cut [kat] *n.* tagghiu

D

dad [daed] *n.* papà

damage ['daemydj] *n.* dannu

damn [daem] *v.* malediri

dance [da:ns] *n.* ballu

danger ['deindjer] *n.* periculu

dangerous ['deindjeres] *adj.* periculusu

dare [deer] *v.* assaiari

dark [da:rk] *adj.* oscuru

darling ['da:rlyng] *n.* trisoru

daughter ['do:ter] *n.* figghia

daughter-in-law ['do:ter,yn lo:] *n.* nora

dawn [do:n] *v.* arba

day [dei] *n.* iornu

dead [ded] *adj.* mortu

deaf [def] *adj.* surdu

deal [di:l] *n.* affari

dear [dier] *adj.* caru

death [des] *n.* estinzioni

debt [det] *n.* debbitu

decade ['dekeid] *n.* decenniu

December [di'sember] *n.* decembri

decent ['di:sent] *adj.* dignitusu

decide [di'said] *v.* decidiri

decision [di'sizion] *n.* decisioni

declare [di'kle:r] *v.* dichiarari

decline [di'klain] *v.* rifiutari

decorate ['dekereit] *v.* ornari

decrease [di'kri:s] *v.* diminuiri

deduct [di'dakt] *v.* deduciri

deep [di:p] *adj.* profunnu

defend [di'fend] *v.* difenniri

defense [di'fens] *n.* difisa

degree [di'gri:] *n.* gradu

delay [di'lei] *v.* ritardari

deliver [di'liver] *v.* cunsignari

demand [di'ma:nd] *n.* richiesta

democracy [di'mokresi] *n.* democrazia

denounce [di'nauns] *v.* denunziari

dentist ['dentist] *n.* dintista

deny [di'nai] *v.* negari

depressed [di'prest] *adj.* scuraggiutu

describe [dis'kraib] *v.* descriviri

desire [di'zaier] *v.* desiderari

desk [desk] *n.* scrivania

despite [dis'pait] *n.* nonostanti

dessert [di'ze:rt] *n.* frutta

destiny ['destini] *n.* destinu

destroy [di'stroi] *v.* distrudiri

determine [di'te:rmin] *v.* decidiri

detest [di'test] *v.* odiari

develop [di'velop] *v.* sviluppari

devil ['devl] *n.* diavulu

diary ['daieri] *n.* diariu

dictate [dik'teit] *n.* precettu

dictionary ['diksheneeri] *n.* vocabbulariu

die [dai] *v.* muriri

diet ['daiet] *n.* dieta

difference ['diferens] *n.* differenza

difficult ['difikelt] *adj.* difficultusu

diminish [di'minish] *v.* abbasciari

dining room ['daining,ru:m] *n.* sala da pranzu

diploma ['diploma] *n.* diploma

| direct | 91 | downtown |

direct [di'rekt] *v.* diriggiri

direction [di'rekshion] *n.* direzioni

director [di'rektor] *n.* diretturi

dirt [de:rt] *n.* spurcizzia

dirty [de:rti] *adj.* sporcu

disagree [dise'gri:] *v.* nun essiri d'accordu

disappear [,dise'pier] *v.* scumpariri

disappoint [dise'point] *v.* deludiri

disaster [di'za:ster] *n.* sbintura

discover [dis'kaver] *v.* scupriri

discuss [dis'kas] *v.* dibbattiri

disorder [dis'o:rder] *n.* disordini

distinguish [dis'ting_ish] *v.* discerniri

distract [dis'traekt] *v.* distrairi

district [ˈdistrikt] *n.* distrittu

disturb [dis'te:rb] *v.* disturbari

diverse [dai've:rs] *adj.* variu

divide [di'vaid] *v.* spartiri

do [du:] *v.* fari

doctor ['dakter] *n.* medicu

documentary [,dokiu'menteri] *n.* documentariu

dog [dog] *n.* cani

dollar ['doler] *n.* dollaru

domestic [de'mestik] *n.* domesticu

donate [dou'neit] *v.* donari

donkey ['doŋki] *n.* scecku

door [do:r] *n.* porta

double ['dabl] *adj.* duppiu

doubt [daut] *n.* dubbiu

down [dawn] *n.* abbasciu

downstairs ['dawn'steerz] *adv.* sutta

downtown ['dawntawn] *n.* versu a parti centrali du paisi

dozen ['dazn] *n.* duzzina

draw [dro] *v.* tirari

dream [dri:m] *v.* sunnari

dream [dri:m] *n.* sonnu

dress [dres] *n.* abbigghiamentu

drink [drink] *v.* biviri

drive [draiv] *v.* spinciri

driver [draiver] *n.* guidaturi

drown [draun] *v.* annigari

drunk [drank] *adj.* mbriacu

dry [drai] *adj.* asciuttu

duck [dak] *n.* anatra

dull [dal] *adj.* oscuru, tardu

dumb [dam] *adj.* mutu, taciturnu

during ['diuering] *prep.* duranti

dust [dast] *n.* munnizza

duty ['diu:ti] *n.* duviri, favuri

E

each [i:tsh] *pron.* ciascunu

ear [ier] *n.* oricchia

early ['e:rli] *adj.* primu, matutinu

earn [e:rn] *v.* vuscari

earth [e:rṣ] *n.* munnu

easy [i:zi] *adj.* facili, commudu

eat [i:t] *v.* manciari

educate ['ediu:keit] *v.* addivari

effect [i'fekt] *n.* scopu

effective [i'fektiv] *adj.* effettivu

efficient [i'fishent] *adj.* efficienti

effort ['efert] *n.* sforzu

eighteen ['eit'i:n] *num.* dicirottu

either ['aider] *pron.* opuru, neppuru

elect [i'lekt] *v.* eliggiri

eleven [i'levn] *num.* unnici

else [els] *adv.* autru, di chiú

embassy ['embesi] *n.* mbasciata

emigrate ['emigreit] *v.* emigrari

employer [em'ploier] *n.* daturi di travagghiu

employment [im'ploiment] *n.* impiegu

enable [i'neibl] *v.* fari capaci

end [end] *n.* fini, conchiusioni

endeavor [in'dever] *v.* tintari

enemy ['enimi] *n.* nemicu

| engage | 94 | example |

engage [in'geidj] *v.* assumiri, pigghiari

engaged [in'geidjd] *adj.* fidanzatu

engagement [in'geidjment] *n.* cummattimentu, ingranaggiu

engineer [,endji'nier] *n.* incigneri

English ['inglish] *adj.* Inglisi

enjoy [in'djoi] *v.* gudiri, assapurari

enough [i'naf] *adj.* sufficientementi

enter ['enter] *v.* trasiri, iscrivirisi

enterprise ['enterpraiz] *n.* imprisa

entertain [,enter'tein] *v.* dari ricivimenti, divertiri

entire [in'taier] *adj.* completu, intieru

envelope ['enveloup] *n.* ammogghiu

equal ['i:kwel] *adj.* uguali, paru, stessu

equipment [i'kwipment] *s.* attrizzatura, corredu

erase [i'reiz] *v.* arrascari

erect [i'rekt] *adj.* isari

error ['erer] *n.* sbagghiu

escort ['esko:rt] *n.* scorta

essential [i'senshel] *adj.* essenziali

establish [is'taeblish] *v.* stabbiliri

evacuate [i'vaekiueit] *v.* scumbrari, sfuddari

evaluate [i'vaeliueit] *v.* valutari

even ['i:ven] *adj.* lisciu, chianu, esattu

evening ['i:vning] *n.* sira

ever ['ever] *adv.* sempri

everyday ['evridei] *adj.* di tutti i iorna

everyone ['evriwan] *pron.* ciascunu

evil ['i:vl] *adj.* mali, tortu, piccatu

exam [ig'zaem] *n.* indaggini

example [ig'za:mpl] *n.* esempiu

excellent [ek'selent] *adj.* multu bonu

except [ik'sept] *conj.* tranni, salvu

exchange [eks'chendj] *n.* canciu

exercise ['eksersaiz] *n.* eserciziu

exhibition [,eksi'bishion] *n.* esibbizioni

exile ['eksail] *n.* esiliu, foruscitu

exist [eg'zist] *v.* esistiri

exit ['eksit] *n.* nisciuta

exotic [eg'zotik] *adj.* esoticu

expand [iks'paend] *v.* espandiri, allargarisi

expect [iks'pekt] *v.* aspittari

expense [iks'pens] *n.* spisa, costu, sburzu

expensive [iks'pensiv] *adj.* custusu

explore [iks'plo:r] *v.* esplorari

export [iks'po:rt] *v.* espurtari

expose [iks'pouz] *v.* mustrari

exterior [eks'tierier] *n.* esteriuru

eye [aj] *n.* occhiu

F

fable [feibl] *n.* fannonia

fabric ['faebrik] *n.* tissutu

face [feis] *n.* facci

faculty ['faekelti] *n.* faculta, putiri

fail [feil] *v.* indibbulirisi, falliri

failure ['feilier] *n.* fiascu

faint [feint] *adj.* debbuli

fair [feer] *adj.* giustu, biunnu

faith [feis] *n.* fidi

faithful ['feisful] *adj.* fidili

fake [feik] *n.* falsu, mbrogghiu

fall [fo:l] *v.* cadiri

false [fo:ls] *adj.* falsu, sbagghiatu

family ['faemili] *n.* famigghia

famine ['faemin] *n.* fami, caristia

far [fa:r] *adv.* luntanu, assai

fare [feer] *n.* cibbu

farmer ['fa:rmer] *n.* agriculturi

fashion ['faeshn] *n.* foggia, usu

fast [faest] *adj.* rapidu

fat [faet] *n.* grassu

fate ['feit] *n.* fatu, sorti

father ['fa:der] *n.* patri

father-in-law ['fa:derinlo:] *n.* soggiru

fatigue [fe'ti:g] *n.* stanchizza

fault ['fo:lt] *n.* curpa, sbagghiu

favor ['feiver] *n.* favuri

fear [fier] *n.* scantu, timuri

February ['februeri] *n.* frivaru

feel [fi:l] *v.* sentiri, rennirisi cuntu

feeling ['fi:ling] *n.* sensu du tattu, sinzazzioni

feet [fi:t] *n. (pl.).* pedi

female ['fi:meil] *n.* fimmina

fertile ['fe:rtail] *adj.* fertili, fruttiferu

festival ['festevel] *adj.* festivitá

fever ['fi:ver] *n.* frevi

few [fiu:] *adj.* picca

fidelity [fi'deliti] *n.* fedelta

field [fi:ld] *n.* campu

fifteen ['fif'ti:n] *num.* quinnici

fight [fait] *n.* cummattiri

fill [fil] *v.* inchiri, culmari

filthy [filṯi] *adj.* sporcu

final ['fainl] *adj.* ultimu

find [faind] *v.* truvari

fine [fain] *adj.* beddu, beni

finish ['finish] *v.* cumpiri

fire ['faier] *n.* focu, sparu

firm [fe:rm] *n.* ditta

first ['fe:rst] *adj.* prima, chiuttostu

fish [fish] *n.* pisci

five [faiv] *num.* cincu

flag [flaeg] *n.* bannera

flame [fleim] *n.* fiamma, innamurata

flash [flaesh] *n.* lampu, splinnuri

flat [flaet] *adj.* chiattu, pianu

flavor ['fleiver] *n.* gustu, sapuri

flee [fli:] *v.* scappari, abbannunari

flight [flait] *n.* volu, vulata

floor [flo:r] *n.* ntavulatu

flow [flou] *v.* scurriri, sgurgari

flower [flauer] *n.* ciuri

flu [flu:] *n.* influenza

fly [flai] *n.* musca

fly [flai] *v.* vulari, pilotari n'ariuplanu

foam [foum] *n.* scuma

fog [fog] *n.* negghia

fold [fould] *v.* piegari, ammugghiari

folk [fouk] *n.* genti

fond [fond] *adj.* appassiunatu

food [fu:d] *n.* cibbu, vittu

foot [fut] *n.* zampa

for [fo:r] *prep.* pri, da, a favuri

force [fo:rs] *n.* forza

foreigner ['foriner] *n.* straneru

forest ['forist] *n.* furestu, silva

forever [fe'rever] *adv.* pri sempri

forget [fer'get] *v.* nun arrigurdari

forgive [fer'giv] *v.* pirdunari

form [fo:rm] *v.* dari forma, costruiri

formal ['fo:rmel] *adj.* formali

former ['fo:rmer] *adj.* primu, passatu

fortunate ['fo:rtshnit] *adj.* furtunatu

fortune ['fo:rtshen] *n.* furtuna, vintura

fountain [fauntin] *n.* funtana

fragile ['fraedjail] *adj.* fraggili

fragrance ['freigrens] *n.* profumu

frank [fraenk] *adj.* francu, leali

fraud [fro:d] *n.* ingannu, imbrogghiu

free [fri:] *adj.* libberu

frequent ['fri:kwent] *adj.* frequenti, spissu

fresh [fresh] *adj.* friscu

friend [frend] *n.* amicu

frighten ['fraitn] *v.* spavintari

from [from] *prep.* da, di, pri, a causa

fruit [fru:t] *n.* fruttu

full [ful] *adj.* chinu, abbunanti*

fun [fan] *n.* spassu, gaizza

funeral ['fiu:nerel] *n.* corteggiu funebbri

funny ['fani] *adj.* buffu

furious ['fiueries] *adj.* furiusu, sfrinatu

furnish ['fe:rnish] *v.* furniri, ammubbigliari

furniture ['fe:rnitsher] *n.* mobbili

further ['fe:rder] *adv.* chiú luntanu

future ['fiu:tsher] *n.* avviniri

G

gain [gein] *n.* guadagnu, aumentu

gallery ['gaeleri] *n.* gallaria

game [geim] *n.* iocu

gang [gaeng] *n.* gruppu, squatra, cumbriccula

garage [gaera:dj] *n.* autorimessa

garbage ['ga:rbidj] *n.* munnizza

garlic ['ga:rlik] *n.* agghiu

gate [geit] *n.* canceddu

gather ['gaeder] *v.* radunari, ricogghiri

gay [gei] *adj.* gaiu

gem [djem] *n.* petra prizziusa

general ['djenerel] *adj.* generali, cumuni

generous ['djeneres] *adj.* generusu, abbunanti

genius [dji:nies] *n.* geniu

gentle ['djentl] *adj.* gentili, garbatu, miti

ghost [goust] *n.* spettru, spirdu

gift [gift] *n.* rigalu, strena, prisenti

girl [ge:rl] *n.* picciotta, signurina

give up [,giv'ap] *v.* cediri

globe [gloub] *n.* mappamunnu

gloomy ['glu:mi] *adj.* malancuniusu

glorious ['glo:ries] *adj.* gluriusu

go [gou] *v.* iri

go on [,gou'on] *v.* iri avanti

go out [,gou'aut] *v.* nesciri, astutarisi

goal [goul] *n.* traguardu

God [god] *n.* Diu

gold [gould] *n.* oru

good [gud] *adj.* bonu, beddu, bravu

good-bye [,gud'bai] *n.* addiu

gorgeous ['go:rdjes] *adj.* sfrazzusu, suntuusu

gossip ['gosip] *n.* pittigulizzu

govern ['gavern] *v.* reggiri

gown [gaun] *n.* abbitu, vistina

graduate ['graedjueit] *n.* lauriatu

grand [graend] *adj.* magnificu, stupennu, enormi

grandchild ['graen,tshaild] *n.* niputi

grandfather ['graend,fa:der] *n.* avu, nannu

grandmother ['graen,mader] *n.* nanna

grape [greip] *n.* cocciu di racina

grasp [gra:sp] *v.* affirari, impugnari

grass [gra:s] *n.* erba, pratu

great [greit] *adj.* maravigghiusu, grossu, beddu

green [gri:n] *adj.* friscu, virdi

greet ['gri:t] *v.* dari u benvinutu

gross [grous] *adj.* dudici

group [gru:p] *n.* raggruppamentu

grow [grou] *v.* fari crisciri, cultivari

guarantee [,gaeren'ti:] *v.* farisi garanti

guess [ges] *v.* cognetturari

guest [gest] *n.* cunvitatu

guilty ['gilti] *adj.* curpevuli

gun [gan] *n.* arma a focu

guy [gai] *n.* pirsuna, individuu

H

habit ['haebit] *n.* àbbitu

hair [heer] *n.* capiddu

hairdresser ['heer,dreser] *n.* parruccheri

half [ha:f] *n.* mitá, menzu

ham [haem] *n.* prisuttu

hamburger ['haembe:rger] *n.* pulpetta di carni, macina e chiatta

hand [haend] *n.* manu

handbag ['haendbaeg] *n.* burza

handicap ['haendikaep] *n.* svantaggiu

handsome ['haensem] *adj.* beddu

hang [haeŋ] *v.* suspenniri

happen ['haepen] *v.* accadiri, abbiniri

happiness ['haepines] *n.* cuntintizza

happy ['haepi] *adj.* felici

hard [ha:rd] *adj.* duru

hardly ['ha:rdli] *adv.* appena, a stentu

harm [ha:rm] *n.* offenniri, danniggiari

harmful ['ha:rmful] *adj.* nucevuli

harmless ['ha:rmles] *adj.* innocuu

harmonious [ha:rmounies] *adj.* armuniusu

harsh [ha:rsh] *adj.* ruvidu, raucu, acri

harvest ['ha:rvist] *n.* mititura

hat [haet] *n.* cappeddu

hate [heit] *n.* odiu

have [haev] *v.* aviri

have to [haev] *v.* duviri	**hi** [hai] *excl.* salvi
he [hi:] *pron.* iddu	**hide** [haid] *v.* ammucciari
head [hed] *n.* testa	**high** [hai] *adj.* autu, superiuri, esaltatu
headache ['hedeik] *n.* duluri di capu	**hill** [hil] *n.* collina, poggiu, munzeddu
healthy [helsi] *adj.* sanu	**him** [him] *pron.* iddu
hear [hier] *v.* sentiri	**himself** [him'self] *pron.* iddu stissu
heart [ha:rt] *n.* cori	**his** [hiz] *pron.* d'iddu
heat [hi:t] *n.* calura	**hole** [houl] *n.* apertura, mbarazzu, buca
heating ['hi:ting] *n.* quadiatura	**holiday** ['holedei] *n.* iornu di festa
heaven ['hevn] *n.* celu	**home** [houm] *n.* casa
heavy ['hevi] *adj.* pisanti	**honest** ['onist] *adj.* onestu, francu
heir [eer] *n.* eredi	**honor** ['oner] *n.* stima, dignitá
hell [hel] *n.* infernu	**hood** [hud] *n.* cappucciu
hello ['he'lou] *excl.* prontu	**hope** [houp] *n.* spiranza
her [he:r] *pron.* la, d'idda	**horrible** ['horebl] *adj.* orribili, assai bruttu
here [hier] *adv.* cá	**horse** ['ho:rs] *n.* cavaddu
hereditary [hi'rediteri] *adj.* ereditariu	**hostage** ['hostidj] *n.* ostaggiu
heritage ['heritidj] *n.* retaggiu	**hostess** ['houstis] *n.* ospiti
herself [he:r'self] *pron.* idda	
hesitate ['heziteit] *v.* esitari	

hostile ['hostail] *adj.* avversu, cuntrariu, ostili

hot [hot] *adj.* brucianti, cauru, scottanti

hotel [hou'tel] *n.* albergu

hour ['auer] *n.* orariu, ura

house [haus] *n.* abbitazioni

housewife ['haus,waif] *n.* patruna di casa

how [hau] *adv.* comu

however [hau'ever] *adv.* pero, tuttavia

huge [hiu:dj] *adj.* enormi

humidity [hiu'miditi] *n.* umiditá

humor ['hiu:mer] *n.* umuri

hundred ['handred] *num.* centu

hungry ['hangri] *adj.* famelicu, bramusu

hunt [hant] *n.* caccia

hurricane ['hariken] *n.* uragunu, bufera

hurry ['hari] *adj.* sbrigarisi, spiciarisi

hurt [he:rt] *v.* firiri, fari mali

husband ['hazbend] *n.* spusu

hymn [him] *n.* innu

I

ice [ais] *n.* ghiacciu

identity [ai'dentiti] *n.* identitá

if [if] *conj.* si, in casu ca

ignorant ['ignerent] *adj.* gnuranti

ignore [ig'no:r] *v.* finciri di nun sapiri

ill [il] *adj.* malatu

illegal [i'li:gel] *adj.* contra a liggi

illusion [i'lu:jin] *n.* ingannu

image ['imidj] *n.* immaggini

imagine [i'maedjin] *v.* farisi n'idea

immediately [i'mi:dietli] *adv.* subbitu

immigrant ['imigrent] *n.* immigranti

immortal [i'mo:rtl] *adj.* immortali, perpetuu

impact [im'pakt] *v.* cumprimiri, ficcari

impair [im'per] *v.* addibuliri, piggiurari

impatient [im'peishent] *adj.* smaniusu

imperial [im'pieriel] *adj.* maistusu

import [im'po:rt] *v.* impurtari

improve [im'pru:v] *v.* migghiurari

improvement [im'pru:vment] *n.* migghiuranza

in [in] *prep.* in, a

inch [insh] *n.* pollici, iditu

incident ['insident] *n.* avvinimentu, casu

include [in'klu:d] *v.* cunteniri

income ['inkam] *n.* guadagnu, redditu

incompetent [in'kompitent] *adj.* incompetenti

incomplete [,inkem'pli:t] *adj.* incompletu

incorrect [,inke'rekt] *adj.* incorrettu, sbagghiatu

indecent [in'di:sent] *adj.* indecenti

indicate ['indikeit] *v.* fari signu, indicari

indifferent [in'difrent] *adj.* indifferenti

individual [,indi'vidiuel] *adj.* individuu, pirsunali

industry ['indastri] *n.* industria, attivitá

infamous ['infemes] *adj.* infami, sciliratu

infant ['infent] *n.* bamminu, picciriddu

infection [in'fekshin] *s.* infezioni

inferior [in'fierier] *adj.* inferiuri

influence ['influens] *n.* influenza

informer [in'fo:rmer] *n.* spia, delaturi

ingredient [in'gri:dient] *n.* componenti

inherit [in'herit] *v.* ereditari

initial [i'nishel] *adj.* iniziali

inject [in'djekt] *v.* ignittari

injection [in'djekshion] *n.* ignizzioni

injure ['indjer] *v.* danniggiari, inciuriari

innocent ['inesint] *adj.* innuccenti

insane [in'sein] *adj.* mattu, pazzu

insatiable [in'seishiebl] *adj.* insazziabbili

insect ['insekt] *n.* insettu

insecure [,insi'kiuer] *adj.* malsicuru, insicuru

inside ['insaid] *n.* internu

| insight | 107 | invention |

insight ['insait] *n.* acumi, intuitu

insist [in'sist] *v.* insistiri

inspect [in'spekt] *v.* ispeziunari

inspection [in'spekshion] *n.* ispezioni

instant ['instent] *adj.* istantaniu

instead [in'sted] *adv.* inveci, anzicchi

instinct ['instinkt] *n.* istintu

instruct [in'strakt] *v.* istruiri. cumunicari

instrument ['instrument] *n.* strumentu, apparicchiu

insult ['insalt] *n.* affruntu, insultu

insult [in'salt] *v.* vituperari

intelligent [in'telidjent] *adj.* intelliggenti

intend [in'tend] *v.* intendiri

intense [in'tens] *adj.* ardenti, intensu

interest ['intrist] *n.* curiusitá, interessamentu

interested ['intristid] *adj.* interessatu

interior [in'tierier] *adj.* interiuri

international [,inter'naeshenel] *adj.* internaziunali

interrogate [in'teregeit] *v.* interrugari

interrupt [,inte'rapt] *v.* suspenniri, truncari

into ['intu:] *prep.* in, dintra

intrigue [in'tri:g] *n.* intricari, incuriusiri

introduce [,intre'diu:s] *v.* fari canusciri

introduction [,intre'dakshon] *n.* introduzioni, canuscenza

invalid [in'veli:d] *n.* nullu, pirsuna malata

invent [in'vent] *v.* inventari

invention [in'venshon] *n.* scuperta, fannonia

invest [in'vest] *v.* fari a spisa	**irregular** [i'regiuler] *adj.* irregulari
invidious [invidious] *adj.* odiusu, antipaticu	**irritate** ['iriteit] *v.* fari arraggiari
invitation [,invi'teishion] *n.* invitu	**island** ['ailend] *n.* isula
invite [in'vait] *v.* dumanari, offriri	**isolate** ['aiseleit] *v.* isulari, separari
involve [in'volv] *v.* miscari, mbrugghiari	**it** [it] *pron.* lu, la, u, a, ció
iron ['aiern] *n.* ferru	**its** [its] *pron.* u so, a so
irony ['aiereni] *n.* ironia	**itself** [it'self] *pron.* iddu stissu, idda stissa

J

jail [djeil] *n.* carceri, priggiuni

jam [djaem] *n.* ngagghiamentu, bloccu, marmillata

January ['djaeniueri] *n.* innaru

jargon [djargon] *n.* gergu

jealous ['djeles] *adj.* gilusu, invidia

jeer [djiar] *n.* beffa, trizziata

jeopardize [djeperdaiz] *v.* arrisicari, mettiri a repentagliu

job [djob] *n.* travagghiu, impiegu, affari

join [djoin] *v.* connettiri, iunciri

joke [djouk] *n.* barzilletta, scherzu

journal ['dje:rnl] *n.* cutidianu

journey ['dje:rni] *v.* viaggiu

joy [djoi] *n.* alligrizza, cuntintizza

jump [djamp] *v.* satari, satariari

June [dju:n] *n.* giugnu

justice ['djastis] *n.* giustizzia

justify ['djastifai] *v.* giustificari

K

keep [ki:p] *v.* teniri

kid [kid] *n.* crapettu, picciriddu

kidney ['kidni] *n.* rini

kill [kil] *v.* ammazzari, mettiri fini

king [kiŋg] *n.* magnatu, monarca, suvranu

kiss [kis] *n.* vasu

kitchen ['kitshn] *n.* cucina

knife [naif] *n.* cuteddu

know [nou] *v.* sapiri

L

labor ['leiber] *n.* compitu, lavuru

lady ['leidi] *n.* signura

lake [leik] *n.* lagu

lamb [laem] *n.* agneddu

lame [leim] *adj.* zoppu

lamp [laemp] *n.* lampa, lumi

land [laend] *n.* terra, tirrenu, paisi

landing [laending] *n.* atterraggiu, sbarcu

language ['laengwidj] *n.* lingua

lantern ['laentern] *n.* fanali, faru

large [la:rdj] *adj.* granni, vastu, spazziusu

last [laest] *adj.* passatu, ultimu

latch [latsh] *v.* chiudiri cu saliscinni

late [leit] *adj.* in ritardu

latter ['laeter] *adj.* ultimu, chiú recenti

laugh [laef] *v.* ridiri

launch [lo:nch] *v.* lanciari, varari, sfirrari

lavatory ['laeveteri] *n.* cessu, latrina

law [lo:] *n.* dirittu, liggia giustizzia

lawyer ['lo:ier] *n.* avvucatu

lay [lei] *n.* posizzioni

lazy ['leizi] *adj.* ozziusu, pigru

lead [li:d] *v.* guidari, essiri in testa

leader ['li:der] *n.* capu

leap [li:p] *v.* fari sauti

learn [le:rn] *v.* imparari, veniri a canuscenza

leather ['leder] *n.* coriu

leave [li:v] *v.* partiri, lassari

left [left] *adj.* sinistru

M

machine [me'shi:n] *n.* machina

mad [maed] *adj.* arraggiatu, mattu, pazzu

madam ['maedem] *n.* signura

made [meid] *adj.* fattu

madness ['maednis] *n.* pazzia, fuddia

mail [meil] *n.* mannari ca posta

mailman [meilmen] *n.* pustinu

main [mein] *n.* principali, primariu

majority [me'djoriti] *n.* maggiuranza

make [meik] *v.* fari

male [meil] *n.* masculu

malevolent [me'levelent] *adj.* malevulu

malicious [me'lishis] *adj.* malignu

man [maen] *n.* omu, maritu

manage ['maenidj] *v.* governari

management ['maenidjment] *n.* gestioni

mandatory ['maendeteri] *adj.* mannatariu

many ['meni] *adj.* multi, paricchi

map [maep] *n.* pianta

March [ma:rtsh] *n.* marzu

margin ['ma:rdjin] *n.* margini, orlu

market ['ma:rkit] *n.* mircatu, chiazza, sbuccu

marriage ['maeridj] *n.* spusalizziu, nozzi

married ['maerid] *adj.* spusatu

marry ['maeri] *v.* spusari, maritari

masculine ['maeskiulin] *adj.* maschili

mask [ma:sk] *n.* mascara

massacre ['maeseker] *n.* straggi, maceddu

massage ['maesa:j] *n.* massaggiu

master ['ma:ster] *n.* maistru, capu, patruni

match [maetch] *n.* gara, posparu

mattress ['maetris] *n.* matarazzu

mature [me'tiuer] *adj.* maturu, scadutu

may [mei] *v.* putiri

mayor [meer] *n.* sinnacu, pudista

me [mi:] *pron.* mi, mia

meal [mi:l] *n.* pastu

mean [mi:n] *v.* significari, spiegarisi

meaning ['mi:ning] *n.* chinu di significatu

measure ['mejer] *n.* misura

meat [mi:t] *n.* carni, cibbu

medical ['medikel] *adj.* medicu

medicine ['medisin] *n.* midicina, farmacu

meditate ['mediteit] *v.* meditari, tramari

meet [mi:t] *v.* incuntrari

meeting ['mi:ting] *n.* incontru, radunatu

melancholy ['melenkeli] *n.* malancunia

melon ['melen] *n.* muluni

member ['member] *n.* membru, sociu

memory ['memeri] *n.* ricordu, rigurdanza

menu ['meniu:] *n.* lista du manciari

mercy ['me:rsi] *n.* pietá, mercé

merit ['merit] *n.* meritu, preggiu

merry ['meri] *adj.* allegru, fistusu

mess 115 moderate

mess [mes] *n.* cunfusioni, mbrugghiu, pastizzu

message ['mesidj] *v.* abbisu, annunziu

messy ['mesi] *adj.* cunfusu, sporcu

meter ['mi:ter] *n.* misuraturi

middle ['midl] *n.* menzu, mitá

midnight ['midnait] *n.* menzannotti

mile [mail] *n.* migghiu

milk [milk] *n.* latti

mill [mil] *n.* mulinu

million ['milien] *num.* miliuni

minimum ['minimem] *n.* minimu

minister ['minister] *n.* ministru, pasturi

ministry ['ministri] *n.* u cleru, ministeru

minority [mai'noriti] *n.* eta minuri

mint [mint] *n.* zicca

minute ['minit] *n.* minutu, verbali

miracle ['mirekl] *n.* maravigghia, miraculu

mirror ['mirer] *n.* specchiu

mischief ['mischif] *n.* dannu, mali, tortu

misfortune [mis'fo:rtshen] *n.* sfurtuna, sbintura

Miss [mis] *n.* signurina

missing ['mising] *adj.* mancanti, persu

mission ['mishin] *n.* compitu, missioni, mannatu

mistake [mis'teik] *n.* erruri, sbagghiu, svista

Mister ['mister] *n.* signuri, gnu

misunderstanding ['misande:rstending] *n.* malintisu

mix [miks] *v.* miscari, misculari, cumminari

moderate ['moderit] *adj.* moderatu, parcu

| modest | 116 | myth |

modest ['modist] *adj.* pudicu, modestu

modify ['modifai] *v.* canciari, curreggiri

moment ['moument] *n.* attimu, istanti

Monday ['mandi] *n.* luneddi

money ['mani] *n.* dinaru, munita, picciuli

monk [mank] *n.* fratellu, monacu

month [mant] *n.* misi

monument ['moniument] *n.* monumentu

mood [mu:d] *n.* umuri, vogghia

moon [mu:n] *n.* luna

moral ['morel] *n.* morali, etica

more [mo:r] *adv.* chiú

morning ['mo:rning] *n.* matina

mosquito [mes'ki:tou] *n.* muschitta, zanzara

most [moust] *adj.* u massimu, u chiú grani

mother ['mader] *n.* matri

mother-in-law ['mader,in'lo:] *n.* soggira

motor ['mouter] *n.* moturi

mountain ['mauntin] *n.* munti

mouse [maus] *n.* surci, topu

mouth [maus] *v.* vucca, sbuccu

move [mu:v] *v.* moviri

movement [mu:vment] *n.* movimentu

much [mach] *adj.* granni, multu

murder ['me:rder] *n.* assassiniu, straggi

museum [miu:'ziem] *n.* museu

music ['miu:zik] *n.* musica

my [mai] *pron.* miu

myself [mai'self] *pron.* mia stissu

mysterious [mis'tieries] *adj.* arcanu, misteriusu

myth [mis] *n.* mitu

N

nail [neil] *n.* chiovu, ugnu

naive [na:'i:v] *adj.* simplici, ingenuu

naked ['neikid] *adj.* spugghiatu, nudu

name [neim] *n.* nnomu, cugnomu

napkin [nap,kin] *n.* tuvagghedda

narrate [nae'reit] *v.* narrari

nasty ['na:sti] *adj.* antipaticu, bruttu

nation ['neishion] *n.* nazzioni

national ['naeshenl] *adj.* nazzionali

nationality [,naeshe'naeliti] *n.* citatinanza

natural ['naetshrel] *adj.* innatu, naturali

nature ['neitsher] *n.* natura

navigate ['naevigeit] *v.* navigari

navy [neivi] *n.* marina

near [nier] *adj.* pressu, circa

neat [ni:t] *adj.* linnu, pulitu

need [ni:d] *n.* bisognu, nicissitá

negative ['negetiv] *adj.* negativu

never ['never] *adv.* mai, nunchiú

new [niu:] *adj.* novu

news [niu:z] *n.* iṇfurmazioni, nutizzii

next [nekst] *adj.* prossimu

nice [nais] *adj.* beddu, bonu

niece [ni:s] *n.* niputi

night [nait] *n.* notti, sira

nine [nain] *num.* novi

nineteen ['nain'ti:n] *num.* dicinnovi

ninety ['nainti] *num.* novanta

no [nou] *adv.* nessunu, nuddu

nobody ['noubedi] *n.* nessunu pirsuna

noise ['noiz] *n.* baccanu, chiassu, scrusciu

noodle ['nu:dl] *n.* tagghiateddi, scimunitu

noon [nu:n] *n.* menziornu

north [no:rs] *adj.* o nordu

nose [nouz] *n.* nasu

nothing ['nasing] *n.* nenti, nessuna cosa

novel ['novel] *n.* romanzu

November [novèmber] *n.* novembri

nude [niu:d] *adj.* nudu

number ['namber] *n.* cifra, numeru

O

obey [e'bei] *v.* obbidiri

object ['obdjikt] *n.* cosa, oggettu

obscure [eb'skiuer] *adj.* pocu notu, oscuru

obtain [eb'tein] *v.* otteniri

occasion [e'keijin] *n.* occasioni, raggiuni

occur [e'ke:r] *v.* accadiri, occurriri

ocean ['oushen] *n.* oceanu

October [ok'touber] *n.* ottubbri

odor ['ouder] *n.* fragranza, oduri

of [ov] *prep.* di, da, pri

off [of] *adv.* distanti, luntani

offer ['ofer] *v.* offriri, proiri

office ['ofis] *n.* gabbinettu, officiu

official [e'fishel] *n.* officiali

often ['o:fn] *adv.* spissu

old [ould] *adj.* anticu, vecchiu

omit [ou'mit] *v.* omettiri

on [on] *prep.* su, supra

once [wans] *adv.* na vota, gia

one [wan] *num.* unu, una

only ['ounli] *adj.* unicu, sulu

open ['oupen] *adj.* apertu

opinion [oupinien] *n.* cunsigghiu, opinioni

opposite ['opezit] *adj.* cuntrariu, oppostu

or [o:r] *conj.* o, opuru

oral ['o:rel] *adj.* orali

orange ['orindj] *n.* aranciu

order ['o:rder] *n.* cumannu, ordini

organize ['o:rgenaiz] *v.* organizzari

origin ['oridjin] *n.* origini

other ['ader] *pron.* autru

our ['aur] *adj.* nostru, nostra

out [aut] *adv.* fora

outfit ['autfit] *n.* attrizzatura

oval ['ouvel] *n.* ovali

oven ['ovn] *n.* furnu, stuffa

over ['ouver] *prep.* su, supra, troppu

owe [ow] *v.* duviri

own [own] *v.* pussidiri

P

pace [peis] *n.* andatura

pain [pein] *n.* duluri

pair [peer] *n.* parigghia

pajamas [pi'dja:mez] *n.* pigiama

palace ['pales] *n.* palazzu

pan [paen] *n.* padedda, tiganu

pants [paents] *n pl.* causi

paper ['peiper] *n.* carta, giornali

parade [pe'reid] *n.* parata, prucissioni

paradise ['paere,dais] *n.* paradisu

pardon ['pa:rdn] *n.* pirdinnu

parent ['peerent] *n.* genituri

park [pa:rk] *n.* parcu, voscu

parliament ['pa:rliment] *n.* parlamentu

parsley ['pa:rsli] *n.* pitrusinu

participate [pa:r'tissipeit] *v.* pigghiari parti

party ['pa:rti] *n.* partitu, festa

pass [pa:s] *n.* permissu, passaggiu

passenger ['paessindjer] *n.* passaggeru

passion ['paeshen] *n.* passioni

past [pa:st] *n.* passatu

pastry ['pejstri] *n.* cosi duci

patient ['peishent] *adj.* pasienti

pay [pei] *v.* pagari

pea [pi:] *n.* pisedda

peace [pi:s] *n.* paci

peach [pi:ch] *n.* persica

peanut ['pi:nat] *n.* nucidda

peasant ['pezent] *n.* cuntadinu

pedal ['pedl] *n.* pidali

people ['pi:pl] *n.* genti, pirsuni

pepper ['peper] *n.* pipi

perfume ['pe:rfiu:m] *n.* profumu

perhaps [per'haeps] *adv.* forsi, pri casu

period ['pieried] *n.* periodu

permit [per'mit] *n.* permissu

person ['pe:rson] *n.* individuu, pirsuna

persuade [pe:r'sheid] *v.* cunvinciri

pharmacy ['fa:rmessi] *n.* farmacia

phone [foun] *n.* telefonu

phrase [freiz] *n.* frasi

picture ['pikcher] *n.* figura, immaggini

piece [pi:s] *n.* pezzu

pig [pig] *n.* maiali

pile [pail] *n.* mucchiu

pillow ['pilou] *n.* cuscinu

pineapple ['painaepl] *n.* ananassu

pink [pink] *adj.* rosiu

pipe [paip] *n.* tubbu, zufulu

pity [piti] *n.* pietá

place [pleis] *n.* locu

plan [plaen] *n.* pianu

plane [plein] *n.* aeruplanu, pianu

plate [pleit] *n.* piattu

play [plei] *v.* iucari

please [pli:z] *v.* piaciri a

pleasure [plejer] *n.* divirtimentu

plenty [plenti] *n.* abbunnanza

plunge [plandj] *v.* tuffari

plus [plas] *prep.* chiú

point [point] *n.* puntu

poor [puer] *adj.* bisugnusu, poviri

popular [popiuler] *adj.* du populu

population [popiuleishion] *n.* pupulazzioni

portrait [po:rtret] *n.* ritratu

position [pe'zishion] *n.* posizzioni

possess [pe'zes] *v.* aviri, possediri

possible ['posebl] *adj.* possibbili

post [poust] *n.* palu, postu

potato [po'teitou] *n.* patata

pour [po:r] *v.* spargiri, versari

poverty ['poverti] *n.* puvirtà

powder ['pawder] *n.* cipria, pruvuli

pray [prei] *v.* prigari

prefer [pri'fe:r] *v.* preferiri

pregnant ['pregnent] *adj.* gravida

prepare [pri'peer] *v.* priparari

present ['preznt] *n.* offriri, prisintari

pretty ['priti] *adj.* grazziusu

prey [prei] *n.* predari, sacchiari

prison ['prizn] *n.* priggiuni

product ['predakt] *n.* produttu

prostitute ['prosti,tu:t] *n.* prostituta

punish ['panish] *v.* castigari, puniri

puppet ['papet] *n.* pupazzu

pure [piuer] *adj.* puru, schittu

push [push] *v.* spinciri

put [put] *v.* mettiri

Q

quality ['kwolyty] *n.* preggiu, qualitá

quantity ['kwontyty] *n.* abbunnanzza, quantitá

quarter ['kwo:ter] *n.* quartu

queen [kwi:n] *n.* riggina

question ['kweshtyon] *n.* dummana, quistioni

quick [kwyk] *adj.* sveltu, veloci

quiet ['kwaiet] *adj.* cuetu, silenziusu

quit [kwyt] *v.* abbannunari, lassari

quote [kwot] *v.* citari, indicari u prezzu

R

rabbit ['raebit] *n.* cunigghiu

race [reis] *n.* cursa, razza

racist ['reisist] *adj.* razzista

radiator ['reidi'eiter] *n.* caluriferu

radio ['reidiou] *n.* radiu

rail [reil] *n.* asta, sbarra, staccia

rain [rein] *n.* pioggia

rainbow ['rein,bow] *n.* arcubbalenu

raise [reiz] *v.* isari, ricogghiri

raisin ['reizin] *n.* passula

rapid ['raepid] *adj.* ripidu, veloci

rare [reer] *adj.* raru, pocu cottu

reach [ri:ch] *v.* stenniri

read [ri:d] *v.* leggiri

ready ['redi] *adj.* prontu

real [riel] *adj.* reali, veru

reason ['ri:zn] *n.* caggiuni, raggiuni

receipt [re'si:t] *n.* ricivuta

receive [ri'si:v] *v.* accogliri, riciviri

recent ['ri:snt] *adj.* friscu, recenti

recognize ['rekeg,naiz] *v.* ammettiri, ricanusciri

recover [ri'kaver] *v.* ricuperari, ricupriri, ripigghiari

red [red] *adj.* russu

reduce [ri'diu:s] *v.* arridduciri

refrigerator [ri'fridje,reiter] *n.* ghiaccaia

refuse [ri'fiu:z] *v.* rifiutari, ricusari

regret [ri'gret] *n.* rinchiantu

regular ['regiuler] *adj.* regulari

release [ri'li:z] *v.* lassari, muddari

remember [ri'member] *v.* rigurdari

repair [ri'peer] *v.* riparari

repeat [ri:'pi:t] *v.* ripetiri

reply [riplai] *v.* rispunniri

resemble [ri'zembl] *v.* rassimigghiari

resist [ri'zist] *v.* resistiri

respect [ris'pekt] *n.* rispettu, stima

respect [rispekt] *v.* trattari cu rispettu

retire [ri'taier] *v.* ritirarisi, iri in penzioni

return [ri'te:rn] *v.* riturnari, restituiri

revolution [,reve'lu:shion] *n.* giru, rivoluzzioni

rice [rais] *n.* risu

rich [rich] *adj.* ricu, lussuusu

ridiculous [ri'dikiu:les] *adj.* riddiculu

rigid ['ridjid] *adj.* riggidu, severu

ring [ring] *v.* sunari, telefonari

risk [risk] *n.* azzardu, risicu

river ['river] *n.* ciumi, currenti

road [roud] *n.* via, strata

robber ['rober] *n.* latru

robust ['roubast] *adj.* robbustu, vigurusu

rock [rok] *n.* petra, scogghiu

romantic [rou'maentik] *adj.* romanticu

room [rum] *n.* cammara, stanza

root [ru:t] *n.* radici

rope [roup] *n.* capistru, corda

rose [rous] *n.* rosa

rotten ['rotn] *adj.* marciu, sfattu, schifiusu

rough [raf] *adj.* rozzu, scabbrusu

round [raund] *adj.* circulari, tunnu

route [ru:t] *n.* direzioni, via, itinirariu

routine [ru:'ti:n] *n.* abbitutini, usu

row [row] *n.* fila, vucata, scrusciu

royal ['roiel] *adj.* reali

rub [rab] *v.* fricari, strofinari

rubbish ['rabish] *n.* rifiuti, munnizza

rucksack ['ruksaek] *n.* zainu

rude [ru:d] *adj.* sgarbatu, viddanu, zoticu

rug [rag] *n.* tappitu

ruin [,ruin] *n.* ruina, disgrazia

rule [ru:l] *n.* regula, liggi

rumor ['ru:mer] *n.* chiacchiara, vuci

run [ran] *v.* curriri

rural ['ruerel] *adj.* campagnolu

rush [rash] *v.* fari fretta

S

sacred ['seikrid] *adj.* sagru

sacrifice ['saekryfais] *n.* sagrifizzu, sbinnita

sad [saed] *adj.* mestu, tristu

saddle ['saedl] *n.* sedda

safe [seif] *adj.* sarvu, fora periculu

safety ['seifty] *n.* sicurizza

saint [seint] *n.* santu, santa

salad ['saeled] *n.* nsalata

sale [seil] *n.* vinnita, smerciu

salesman ['seilsmen] *n.* commissu, vinnituri

salt [so:lt] *n.* sali, sapuri

same [seim] *adj.* stissu, medesimu

sample ['sa:mpl] *n.* esempiu, campiuni, saggiu

sand [saend] *n.* rina

sandal ['saendl] *n.* sannula

sandwich ['saendwich] *n.* paninu imbuttitu

sardine [sa:r'di:n] *n.* sarda

satisfaction [,saetis'faekshion] *n.* gioia, sodisfazzioni

satisfactory [,saetis'faekteri] *adj.* cunvincenti

satisfy ['saetis,fai] *v.* cuntintari, sodisfari, appagari

Saturday ['saeterdi] *n.* sabbatu

sauce [so:s] *n.* sarsa

sausage ['sosidj] *n.* sasizza

save [seiv] *v.* sarvari, mettiri di latu

savor ['seiver] *n.* sapuri, gustu

saw [so:] *v.* sirrari

say	service

say [sei] *v.* diri

scandal ['skaendl] *n.* scannalu, vrigogna

scar [ska:r] *n.* cicatrici, sfreggiu

scarce [skeers] *adj.* scarsu

scare [skeer] *v.* spavintari

scene [si:n] *n.* scena, palcuscenicu

schedule ['skedjul] *n.* scheda, tabella

school [sku:l] *n.* scola, ginnasiu

science ['saiens] *n.* scienza

scissors ['sizer] *n.* paru di forfici

scrape [skreip] *v.* arrascari, scrustari

scream [skri:m] *v.* gridari, urlari

screen [skri:n] *n.* schermu, prutizzioni

sea [si:] *n.* mari

search [se:rch] *n.* cerca

seaside ['si:'said] *n.* spiaggia, lidu

season ['si:zn] *n.* staggiunu

seat [si:t] *n.* seggia, sidili

secret ['si:krit] *adj.* segretu, segritizza

seduce [si'du:s] *v.* seduciri

see [si] *v.* vidiri

seem [si:m] *v.* sembrari, pariri

seize [si:z] *v.* pigghiari, acchiapari

send [sen] *v.* mannari inviari

sensitive ['sensitiv] *adj.* dilicatu, sinzibbili

sentence ['sentens] *n.* cundanna, frasi

sentiment ['sentiment] *n.* sentimentu

separate ['sepereit] *v.* disuniri

September [sep'tember] *n.* settembri

serious ['sieries] *adj.* seriu

servant ['se:rvent] *n.* servu, serva

serve [se:rv] *v.* serviri, giuvari, scuntari

service ['se:rvis] *n.* sirvizziu

set [set] *v.* mettiri

settle [setl] *v.* fissari, stabbiliri

seven ['sevn] *num.* setti

seventeen ['sevn'ti:n] *num.* dicissetti

seventy ['sevnti] *num.* sittanta

several ['sevrel] *adj.* paricchi

severe [si'vier] *adj.* severu

sew [sou] *v.* cusiri

sex [seks] *n.* sessu

shadow ['shaedou] *n.* ummira

shake [sheik] *v.* aggitari, sbattiri

shame [sheim] *n.* vrigogna, sbrigugnamentu

shape [sheip] *v.* furmari

share [sheer] *v.* spartiri, dividiri

shark [sha:rk] *n.* squalu, piscicani

shave [sheiv] *v.* sbarbari, fari a varva

she [shi:] *pron.* idda, chidda

shelf [shelf] *n.* scaffali

shell [shel] *n.* cunchigghia, gusciu

shine [shain] *v.* brillari, puliri

ship [ship] *n.* navi

shirt [she:rt] *n.* cammisa

shock [shok] *n.* urtu

shoe [shu:] *n.* scarpa

shoot [shu:t] *v.* sparari

shop [shop] *n.* putia

shore [sho:r] *n.* spiaggia, appuntiddu

short [sho:rt] *adj.* curtu

shoulder ['shoulder] *n.* spadda

shout [shawt] *v.* urlari

show [shou] *v.* mustrari, esibbiri

shower ['shawer] *n.* duccia

shrimp [shrimp] *n.* ammaru

shut [shat] *v.* chiudiri, sirrari

shy [shai] *adj.* timidu, vrigugnusu	**skin** [skin] *n.* peddi
sickness ['siknis] *n.* malatia	**skirt** ['ske:rt] *n.* gonna
side [said] *n.* latu	**sky** [skai] *n.* celu
sidewalk ['said-wo:k] *n.* ghiancata	**slave** [sleiv] *n.* schiavu
sign [sain] *n.* signu, traccia	**sleep** [sli:p] *v.* accogliri, dormiri
silence ['sailens] *n.* silenziu, taciturnitá	**slice** [slais] *n.* fedda, pezzu
silk [silk] *n.* sita	**slipper** ['sliper] *n.* ciabbatta, pantofalu
silly ['sili] *n.* scemu	**slow** [slow] *adj.* lentu
silver ['silver] *n.* argentu	**sly** [slai] *adj.* astutu, scaltru
simple ['simpl] *adj.* simplici, ingenuu	**small** [smo:l] *adj.* picciulu
since [sins] *adv.* doppu, dipoi	**smart** [sma:rt] *adj.* intelliggenti, bravu
sing [sing] *v.* cantari	**smash** [smaesh] *v.* sfasciari
sink [sink] *v.* affunnari	**smell** [smel] *v.* ciarari, sentiri
sister ['sister] *n.* soru	**smile** [smail] *v.* surridiri
sit [sit] *v.* assittari	**smog** [smog] *n.* fumu e negghia
six [siks] *num.* sei	**smoke** [smouk] *n.* fumu
sixteen ['siks'ti:n] *num.* sidici	**smooth** [smu:s] *adj.* chianu, lisciu
size [saiz] *n.* misura	
skill ['skil] *n.* abbilitá	

smuggle ['smagl] *v.* contrabbannari

snack [snaek] *n.* spuntinu

snake [sneik] *n.* serpenti

sneeze [sni:z] *v.* stranutari

snow [snou] *n.* nivi

so [sou] *adv.* accussi

soak [souk] *v.* ammuddari

soap [soup] *n.* sapuni

sob [sob] *n.* sugghiuzzu

soccer [soker] *n.* iocu du cauciu

sock [sok] *n.* quasetta, pugnu

soft [soft] *adj.* soffici

soldier ['souldier] *n.* surdatu

sole [soul] *n.* chianta du pedi, sola,

solid ['solid] *adj.* solidu, fermu

solve [solv] *v.* sciogghiri

some [sam] *adj.* alcunu, qualchi

somebody ['sambedi] *pron.* qualcunu

somehow ['samhaw] *adv.* in qualchi modu

someone ['samwan] *pron.* unu

something ['samsing] *n.* qualchicosa

sometimes ['samtaimz] *adv.* qualchi vota, ogni tantu

somewhere ['samwe:r] *adv.* in qualchi parti

son [san] *n.* figghiu

soon [su:n] *adv.* prestu

sorry ['so:ri] *adj.* adduluratu

sort [so:rt] *n.* specii

sot [sot] *n.* mbriacu

soul [soul] *n.* anima

soup [su:p] *n.* suppa

sour ['sauer] *adj.* acitu

source [so:rs] *n.* surgenti

south [saus] *n.* meridioni

space [speis] *n.* spazziu

speak [spi:k] *v.* chiacchiariari, diri

special ['speshel] *adj.* speciali

speech [spi:ch] *n.* discursu

speed [spi:d] *n.* velocita

spell [spel] *v.* alfarbetari

spend [spend] *v.* spenniri

spicy ['spaisi] *adj.* piccanti, puncenti

spider [spaider] *n.* tarantula

spin [spin] *v.* filari, fari girari

spinach ['spinich] *n.* spinacia

spirit ['spirit] *n.* spiritu

spit [spit] *v.* sputari

splendid ['splendid] *adj.* stupennu

split [split] *v.* spaccari

spoil [spoil] *v.* guastari

sponge [spandj] *n.* spugna

sponsor ['sponser] *n.* patrinu

spoon [spu:n] *n.* cucchiaru

sport [spo:rt] *n.* attività sportiva

spot [spot] *n.* macchia, stizza

spouse [spauz] *n.* spusa, spusu

spring [spring] *n.* primavera, sautu

spy [spai] *n.* spia

square [skweer] *n.* quatru, chiazza

squeeze [skwi:z] *v.* premiri

squirrel ['skwa:rel] *n.* scoiattulu

stable ['steibl] *n.* stabbili, saldu

stadium ['steidiem] *n.* campu sportivu

stain [stein] *n.* macchia, sfreggiu

stair [steer] *n.* gradinu

stake [steik] *n.* palu, sticca, rogu

stand [staend] *v.* stari in pedi

star [sta:r] *n.* celebbritá, stidda

stare [steer] *v.* taliari fissu

start [sta:rt] *v.* iniziari

state	134	style

state [steit] *n.* statu

stay [stei] *n.* soggiornu

steal [sti:l] *v.* rubbari

stem [stem] *n.* stelu, pidicuddu, cippu

step [step] *n.* passu, sogghia

stepfather ['step,fa:ðer] *n.* patrastru

stepmother ['step,maðer] *n.* matrastra

stew [stu:] *n.* stufatu, spizzateddu

stiff [stif] *adj.* duru, riggidu

still [stil] *adj.* cuetu

stink [stink] *v.* puzzari

stir [ste:r] *v.* mmiscari, aggitari

stomach ['stamek] *n.* panza

stone [stoun] *n.* petra, sassu

stool [stu:l] *n.* sgabellu

stop [stop] *v.* fermari, smettiri

store ['sto:r] *n.* negozziu, putia

storm [sto:rm] *n.* timpesta

story ['sto:ri] *n.* cuntu, storia, narrazzioni

strange [streindj] *adj.* stranu

stranger ['streindjer] *n.* scanusciutu

street [stri:t] *n.* strata

strength [strenks] *n.* putenza

string [string] *n.* spagu

strong [strong] *adj.* forti

struggle ['stragl] *n.* lutta

stubborn ['stabern] *adj.* cucciutu, tistardu

stud [stad] *n.* buttuneddu, chiodu, scuderia

student ['stu:dent] *n.* studenti

stuff [staf] *v.* inchiri, ntuppari

stupid ['stu:pid] *adj.* scioccu

style [stajl] *n.* stili, manera

subject — symbol

subject ['sabdjikt] *n.* sudditu, pirsuna

subtle ['satl] *adj.* suttili, acutu

subway ['sabwei] *n.* suttapassaggiu

succeed [sek'si:d] *v.* aviri successu

such [sach] *adj.* tali, chistu

sudden ['sadn] *adj.* subbitaniu

suffer ['safer] *v.* patiri, suffriri

sugar ['shuger] *n.* zuccaru

suit [sut] *n.* abbitu, liti, azioni legali

sum [sam] *n.* summa

summer ['samer] *n.* estati

Sunday ['sandi] *n.* duminica

superficial [,su:per'fishel] *adj.* superficiali

supper ['saper] *n.* cena

suppose [se'pouz] *v.* supporri

sure [shuer] *adj.* sicuru

surprise [ser'praiz] *n.* maravigghia

swear [sweer] *v.* giurari

sweet [swi:t] *adj.* duci, piacevuli

swim [swim] *v.* natari

symbol ['simbel] *n.* simbulu

T

table ['teibl] *n.* tavula

tail [teil] *n.* cuda

tailor ['teiler] *n.* sartu

take [teik] *v.* pigghiari

talent ['taelent] *n.* talentu

talk [to:k] *v.* parrari

tap [taep] *v.* spillari, dari un curpiceddu

tape [teip] *n.* nastru

target ['ta:rgit] *n.* bersagghiu

task ['taesk] *n.* compitu

taste [teist] *v.* assaggiari

taxi ['taeksi] *n.* tassí

tea [ti:] *n.* té

teach [ti:tsh] *v.* insignari

tear [teer] *v.* strazzari

technique [tek'ni:k] *n.* tecnica

television ['telivijion] *n.* televisioni

tell [tel] *v.* diri

temperature ['temperetsher] *n.* temperatura

ten [ten] *num.* deci

tender ['tender] *adj.* tenniru, duci

tension ['tenshin] *n.* tenzioni

terrible ['teribl] *adj.* tremennu

test [test] *n.* prova, esami

theater ['tieter] *n.* teatru

then [den] *adv.* allura, poi

there [deer] *adv.* ddá

these [di:z] *pron.* chisti

they [dei] *pron.* iddi

thief [ti:f] *n.* latru

thin [tin] *adj.* magru, finu

thing [ting] *n.* cosa

think [tink] *v.* pensari

| third | 137 | tranquil |

third [ʈe:rd] *adj.* terzu

thirsty ['ʈe:rsti] *adj.* assitatu

this [ʈis] *pron.* chistu, chista

thought [ʈo:t] *n.* pinzeri

thousand ['ʈauzend] *num.* milli

threat [ʈret] *n.* minaccia

throat [ʈrout] *n.* gula

through [ʈru:] *prep.* pri, attraversu, finu a

throw [ʈrou] *v.* buttari, ittari

Thursday ['ʈe:rzdei] *n.* gioveddi

ticket ['tikit] *n.* bigghiettu

tie [tai] *n.* ligazza, cravata, scolla

tight [tait] *adj.* strittu

till [til] *prep.* fina, sinu

time [taim] *n.* tempu, ura

timid ['timid] *adj.* timidu, scantusu

tiny ['taini] *adj.* minutu

to [tu:] *prep.* a, in, di, pri

today [te'dei] *adv.* oggi

toe [tou] *n.* iditu du pedi

together [te'geḏer] *adv.* nsemmula

toilet ['toilit] *n.* cessu

tomato [te'meitou] *n.* pumidoru

tomb [tu:m] *n.* tomba

tomorrow [te'mo:rou] *n.* dumani

ton [tan] *n.* tunnillata

tongue [taṉ] *n.* linguaggiu

tonight [te'nait] *n.* stasira

too [tu:] *adv.* anchi, puru

tool [tu:l] *n.* strumentu

tour [tuer] *n.* giru, viaggiu

town [tawn] *n.* paisi

toy [toi] *n.* giucattulu, iocu

tradition [tre'dishion] *n.* tradizzioni

trail [treil] *v.* inseguiri, pidinari

tranquil ['traenkwil] *adj.* tranquillu, cuetu

transportation [transporteishion] *n.* traspurtazioni

travel ['traevl] *v.* viaggiari

treasure ['trejer] *n.* trisoru

trend [trend] *n.* tendenza

trial ['traiel] *n.* saggiu, liti

triangle ['traiaengl] *n.* triangulu

trip [trip] *n.* viaggiu

trouble ['trabl] *n.* guaiu, disturbu

trousers ['trauzez] *n pl.* causi

truck [trak] *n.* camiuni, scanciu

true [tru:] *adj.* veru

trumpet ['trampit] *n.* trumma

trunk [trank] *n.* fustu, truncu, bagagghiera

trust [trast] *n.* fiducia

truth [tru:s] *n.* veritá

try [trai] *v.* pruvari, tintari

tube [tiu:b] *n.* tubbu, canna

Tuesday ['tiu:zdei] *n.* marteddí

tunnel ['tanl] *n.* gallaria

turbulent ['te:rbiulent] *adj.* agitatu

turkey ['te:rki] *n.* tacchinu

turn [te:rn] *v.* girari

turtle ['te:rtl] *n.* tartuca

twelve [twelv] *num.* dudici

twenty ['twenti] *num.* vinti

twin [twin] *n.* gemellu, gemella

twist [twist] *n.* turciuta

two [tu:] *num.* dui

type [taip] *n.* tipu, esemplari

U

ugly ['agli] *adj.* bruttu

ultimate ['altimit] *adj.* ultimu

umbrella [am'brela] *n.* umbrella

unable ['an'eibl] *adj.* inabbili

unarmed ['an'a:rmd] *adj.* disarmatu

uncle ['aŋkl] *n.* ziu

uncommon ['an'komen] *adj.* nun cumuni

under ['ander] *prep.* sutta

underpants ['ander,paents] *n.* mutanni

undershirt ['andershe:rt] *n.* magghicedda, canuttera

underwear ['ander,weer] *n.* robba di sutta

undo ['an'du:] *v.* sfari

undress [an'dres] *v.* spugghiari

unemployed [,anem'ploid] *adj.* nun impiegatu

unfair [an'feer] *adj.* ingiustu

unfurnished [an'fe:rnisht] *adj.* senza mobbilia

university [,iu:ni'versiti] *n.* universitá

unnatural [an'naetshrel] *adj.* nun naturali, snaturatu

unreliable ['anri'laiebl] *adj.* instabbili

until [an'til] *prep.* fina a, sinu a

unusual [an'iu:juel] *adj.* insolitu

up [ap] *adv.* su, supra

upper ['aper] *adj.* chiú supra	**urgent** ['e:rdjent] *adj.* pressanti
upset [ap'set] *v.* capuvolgiri, scumpigghiari	**use** [iu:s] *v.* usari, impiegari
upside-down ['ap-said'dawn] *adv.* suttasupra	**useful** ['iu:sful] *adj.* utili
	usual ['iu:juel] *adj.* abbituali, cumuni
urge [e:rdj] *v.* urgiri	**utmost** ['atmoust] *adj.* estremu

V

vacation [ve'keishion] *n.* feria

vacuum cleaner [waekiuem'kliner] *n.* aspirapulviri

vague [veig] *adj.* cunfusu, vagu

vain [vein] *adj.* vanu

valley ['vaeli] *n.* valli

value ['vaeliu:] *n.* prezzu, valuri

van [waen] *n.* carruzzuni

vanilla [ve'nile] *n.* vanigghia

vanish ['vaenish] *v.* scumpariri, svaniri

variety [ve'raieti] *n.* variazzioni, multi

various ['veeries] *adj.* variu

varnish ['va:rnish] *v.* virniciari

vary ['veeri] *v.* variari, canciari

vase [veiz] *n.* vasu

veal [vi:l] *n.* carni di viteddu

vegetable ['vedjitebl] *n.* virdura, ligumi

vehicle ['vi:ikl] *n.* veiculu

veil [veil] *n.* velu, pretestu

vein [vein] *n.* vina, filuni

velvet ['velvit] *n.* villutu

vengeance ['vendjens] *n.* vinnitta

verb [ve:rb] *n.* verbu

verdict ['ve:rdikt] *n.* sintenza, verdittu

verify ['verifai] *v.* verificari, accirtari

very ['veri] *adv.* assai, multu

vest [vest] *n.* panciottu

vex [veks] *v.* annuiari, vessari

vibrate [vai'breit] *v.* vibbrari

vice [vais] *n.* vizziu

vicious ['vi'shes] *adj.* vizziusu, malignu

victim ['viktym] *n.* vittima

victory ['vikteri] *n.* vittoria

view [viu:] *v.* guardari

village ['vilidj] *n.* paisi, paiseddu

vinegar ['viniger] *n.* acitu

violate ['vaieleit] *v.* violari, trasgridiri

violence ['vaielens] *n.* violenza

violet ['vaielit] *n.* viola

violin [,vaie'lin] *n.* viulinu

virgin ['ve:rdjin] *adj.* virgini

virile ['virail] *adj.* virili, masculu

visa ['vi:za] *n.* vistu

vision ['vijin] *n.* visioni

visit ['vizit] *v.* fari visita

vital ['vaitl] *adj.* essenziali

vitamin ['vaitemin] *n.* vitamina

voice [vois] *n.* vuci

void [void] *n.* votu

volcano [vol'keinou] *n.* vulcanu

voluntary ['volenteri] *adj.* volontariu

vomit ['vomit] *v.* vomitari

vote [vout] *n.* suffraggiu

voyage ['voiedj] *n.* travirsata

vulgar ['valger] *adj.* maleducatu, grussulanu

vulnerable ['valnerebl] *adj.* vulnerabbili

W

wage [weidj] *n.* paga, stipendiu

wagon ['waegen] *n.* vaguni

waist [weist] *n.* vita

wait [weit] *v.* aspittari

walk [wo:k] *v.* caminari

wall [wo:l] *n.* muragghia

wallet ['wolit] *n.* portafogghiu

wander ['wonder] *v.* vagari, vacabbunniari

want [wo:nt] *v.* aviri bisognu, vuliri

war [wor] *n.* battagghia

wardrobe ['wo:droub] *n.* guardarrobba

warm [wo:rm] *adj.* cauru, tepidu

warn [wo:rn] *v.* avvertiri

warp ['wo:rp] *v.* piegari, storciri

warrior ['wo:rior] *n.* guerrieru

wash [wo:sh] *v.* lavari

wasp [wosp] *n.* vespa

waste [weist] *adj.* desertu, squallidu

watch [wo:ch] *v.* guardari, sorvegliari

water [wo:ter] *n.* acqua

wave [weiv] *n.* unna, fluttu, marusu

wavy ['weivy] *adj.* unniatu

wax [waeks] *v.* incirari

way [wei] *n.* via, manera, direzioni

we [wi:] *pron.* nui, nuautri

weak [wi:k] *adj.* debbuli

weapon ['wepon] *n.* arma

wear [weer] *v.* purtari

weather	144	window

weather ['weder] *n.* tempu

weave [wi:v] *v.* tessiri, intricciari

web [web] *n.* tila, riti

wedding ['weding] *n.* matrimoniu, spusalizziu

Wednesday ['wenzdei] *n.* mercoldí

weed [wi:d] *n.* malerva

week [wi:k] *n.* simana

weight [weit] *n.* pisu, carricu

welcome ['wekem] *n.* benvinutu

well [wel] *adv.* beni, bonu, sanu

west [west] *n.* occidenti

wet [wet] *adj.* vagnatu, umidu

whale [weil] *n.* balena

what [wot] *adj.* chi, quali, chiddu ca

wheat [wi:t] *n.* granu

wheel ['wi:l] *n.* rota

when [wen] *adv.* quannu, mentri

whenever ['wenever] *adv.* ogni vota ca

where [wer] *adv.* unni

whether ['weder] *conj.* si

which [witch] *pron.* u quali

while [wail] *n.* istanti

whirl [we:rl] *v.* fari girari

white [wait] *adj.* iancu

who [wu:] *pron.* cui, chi, ca

whole [woul] *adj.* intieru

why [wai] *adv.* pirchi

wide [waid] *adj.* largu, luntanu

widow ['widou] *n.* vidua

wife [waif] *n.* mugghieri

wig [wig] *n.* parrucca

wild [waild] *adj.* sarvaggiu, sfrinatu

will [wil] *n.* vuliri, tistamentu

win [win] *v.* vinciri

wind [waind] *n.* ciatu, ventu

window ['windou] *n.* finestra

wine ['wain] *n.* vinu

wing [wiŋg] *n.* ala

winter ['winter] *n.* invernu

wipe [waip] *v.* annittari, puliri

wish [wish] *v.* desiderari, augurari

witch [witch] *n.* strega, maga

with [wis̸] *prep.* cu, di, pri

withdraw [wis̸'dro:] *v.* ritirari, suttrairi

within [wis̸'in] *adv.* dintra

without [wis̸aut] *prep.* senza

wizard ['wizerd] *n.* magnu

woman ['wumen] *n.* donna

wood [wud] *n.* lignu

wool [wul] *n.* lana

word [we:rd] *n.* parola, vuci, nutizzia

work [we:rk] *n.* lavuru, travagghiu, impiegu

worker ['we:rker] *n.* lavuraturi

world [we:rld] *n.* munnu

worm [we:rm] *n.* vermi

worry [we:ri] *v.* preoccuparisi, disturbari

worse [we:rs] *adj.* peggiu

worth [we:rt̸] *adj.* ca vali

wrap [raep] *v.* ammugghiari

write [rait] *v.* scriviri

writing ['raitiŋg] *n.* scrittura

wrong [ro:ŋg] *adj.* sbagghiatu, erroneu

wry [rai] *adj.* stortu

X

xenophobe [zenofoub] *n.* zenofobicu

Xmas ['krismes] *n.* natali

x-ray ['eks'rei] *n.* raggi X

xylophone ['zilefoun] *n.* zilofonu

Y

yam [iaem] *n.* patati duci
yank [yenk] *v.* strappari
yard [ia:rd] *n.* curtili
yawn [io:n] *v.* badagghiari
yawning [ia:ning] *adj.* sbalancatu
year [ie:r] *n.* annu
yellow ['ielou] *adj.* giallu
yes [ies] *adv.* si
yesterday ['iesterdei] *adv.* ieri
yet [iet] *adv.* ancora, finora
yield [ji:ld] *v.* produciri, fruttari, cediri
you [iu:] *pron.* tu, vui
young [iang] *adj.* giuvini, nicu
your [iu:r] *pron.* vostru, vostra, vostri
yourself [,iuer'self] *pron.* ti, vi, vui stissu
youth [iu:s] *n.* giuvintú

Z

zany [zeini] *n.* pagghiazzu, buffuni

zebra ['zi:bre] *n.* zebbra

zero ['zierou] *n.* zeru

zest [zest] *n.* gustu, arduri, godimentu

zip [zip] *n.* energia, nenti

zone [zoun] *n.* zona

zoo [zu:] *n.* giardinu zoologgicu

zoom [zum] *v.* acchianari

Hippocrene Italian Reference...

Italian-English/English-Italian Practical Dictionary
488 pages   5 ½ x 8 ¼   35,000 entries
ISBN 0-7818-0354-3 $9.95pb   (201)

Italian Handy Dictionary
120 pages   5 x 7 ¾
ISBN 0-7818-0011-0 $8.95pb   (196)

Mastering Italian
360 pages   5 ½ x 8 ½
ISBN 0-87052-0570-1 $11.95pb   (517)

Mastering Italian Audio Cassettes
2 cassettes
ISBN 0-87052-066-0 $12.95pb   (521)

Mastering Advanced Italian
278 pages   5 ½ x 8 ½
ISBN 0-7818-0333-0 $14.95pb   (160)

Mastering Advanced Italian Audio Cassettes
2 cassettes
ISBN 0-7818-033-9 $12.95pb   (161)

Literature from Italy . . .

Dictionary of 1000 Italian Proverbs
by Peter Mertvago
131 pages   5 ½ x 8 ½
ISBN 0-7818-0458-2 $11.95pb   (370)

Treasury of Italian Love Poems, Quotations & Proverbs
Selections from Dante, Petrarch and Pugliese among others
128 pages   5 x 7
ISBN 0-7818-0352-7 $11.95hc   (587)

Treasury of Italian Love Poems, Quotations & Proverbs
Audiobook: 2 cassettes
ISBN 0-7818-0366- 7 $12.95   (581)

Short Sicilian Novels
by Giovanni Verga, translated by D.H. Lawrence
171 pages   4 ½ x 7
ISBN 1-873982-40-2 $11.95pb   (418)
"The *Short Sicilian Novels* have that sense of the wholeness of life, the spare exhuberance, the endless inflections and overtones, and the magnificent and thrilling vitality of major literature." —*The New York Times*

I Malavoglia (The House by the Medlar Tree)
by Giovanni Verga, translated by Judith Landry
246 pages   4 ½ x 7
ISBN 0-946626-88-X   414.95pb   (294)

Hippocrene Insiders' Guide to Rome
The Eternal City as only someone who has lived and worked in the city can explain it. Associated Press reporter Frances D'Emilio goes straight to the heart of the matter in this illuminating guidebook of Roman art, architecture, main streets, byways, customs, and mores.
376 pages   5 ½ x 8 ½   photos, map, index
ISBN 0-7818-0036-6 $14.95pb   (332)

Treasury of Roman Love Poems, Quotations & Proverbs
Selections from Cicero, Ovid and Horace among others
128 pages   5 x 7
ISBN 0-7818-0309-8 $11.95pb   (348)

Latin Phrases & Quotations
180 pages   6 x 9
ISBN 0-7818-0260-1 $11.95pb   (221)

Dictionary of 1000 French Proverbs
by Peter Mertvago
131 pages   4 x 6
ISBN 0-7818-0400-0 $11.95pb   (146)

Dictionary of 1000 German Proverbs
by Peter Mertvago
131 pages   4 x 6
ISBN 0-7818-0471-X $11.95pb   (540)

Dictionary of 1000 Polish Provervbs
by Miroslaw Lipinski
141 pages   5 x 7
ISBN 0-7818-0482-5 $11.95pb   (568)

Dictionary of 1000 Spanish Proverbs
by Peter Mertvago
131 pages 4 x 6
ISBN 0-7818-0412-4 $11.95pb (254)

... *and*

Mastering Spanish
322 pages 5 ½ x 8 ½
ISBN 0-87052-059-8 $14.95pb (527)
2 cassettes
ISBN 0-87052-067-9 $12.95 (528)

Mastering Advanced Spanish
326 pages 5 ½ x 8 ½
ISBN 0-7818-0081-1 $14.95pb (413)
2 cassettes
ISBN 0-7818-0089-7 $12.95 (426)

Spanish Verbs: Ser and Estar
220 pages 5 ½ x 8 ½
ISBn 0-7818-0024-2 $9.95pb (292)

All prices subject to change. **TO PURCHASE HIPPOCRENE BOOKS** call (718) 454-2366, or write to: HIPPOCRENE BOOKS, 171 Madison Avenue, New York, NY 10016. Please enclose check or money order, adding $5.00 shipping (UPS) for the first book and $.50 for each additional book.